JN029013

「観光まちづくり」のための 地域の見方・調べ方・考え方

國學院大學地域マネジメント研究センター ［編］

朝倉書店

編　集

國學院大學地域マネジメント研究センター

編集委員長

西　村　幸　夫　　　國學院大學　観光まちづくり学部

執筆者 (執筆順)

下　村　彰　男　　　(1章, 9章)

堀　木　美　告　　　(1章, 2章)

小　林　　　稔　　　(2章)

児　玉　千　絵　　　(3章)

清　野　　　隆　　　(4章, 10章)

嵩　　　和　雄　　　(4章)

大　門　　　創　　　(5章)

塩　谷　英　生　　　(6章)

十　代　田　　朗　　　(7章)

梅　川　智　也　　　(8章)

石　山　千　代　　　(8章, 9章, 11章)

米　田　誠　司　　　(10章)

浅　野　　　聡　　　(11章)

楓　　　千　里　　　(12章)

仲　野　潤　一　　　(12章)

いずれも國學院大學 観光まちづくり学部

はじめに

◀ 観光まちづくりのための『まちの見方・調べ方・考え方』

　前著『まちの見方・調べ方』（西村幸夫・野澤康編，朝倉書店，2010）及び『まちを読みとく』（同，2017）はいずれも副題に「地域づくり」を付しており，「地域づくり」という目的をもった現場主義の調査法入門書及びその実践例の書だった．さいわいこの二冊は多くの読者に恵まれ，調査の成果を地域に還元し，地域が必要としている情報に関して調査をもとに明らかにするというこの二冊の姿勢は一定の支持を得ることができた．

　その延長上に，地域づくりの一環としての「観光まちづくり」を旗印に掲げて，ここに新しい調査法入門書として本書を世に送り出すこととした．ここで，本書で目指す「観光まちづくり」とはどのようなものなのか，これを導きの糸とすることで前著と何が変わるのかに関して，まず初めに触れることにする．

　本書でいう観光まちづくりとは，地域に対する深いまなざしに基づき，地域社会の現状と課題を理解し，地域資源の保全活用と地域を動かす多彩な人々の形成によって，地域を主体とした観光や交流を促すとともに，活力あふれる地域を実現することをめざした活動のことを指す．

　住み続けるに値する魅力や活力あふれたまちは，同時に訪れてみたくなるようなまちでもある．観光や交流を軸にして，こうしたまちをつくろうという動きを「観光まちづくり」という言葉で表している．なお，ここでいう「まち」とは，都市のみならずひろく農山村などの居住域まで含んだ幅広い表現として用いている．「まちづくり」も同様に，一般に人が住み続けるところを対象としたよりよい地域づくりを目指した活動のひろがり全般を指して用いている．

　では，観光まちづくりのための地域調査法入門は，地域づくり・まちづくり一般のための調査法入門とどこが異なるのか．——「他者」の視点を意識的に保持している点が，最大の相違点であるということができる．他者の視点をもつことによって，その地域の居住者のみならず関係人口を含めた多様な外部世界とのつながりを内部化することができる．

　もちろん，地域づくり・まちづくりにおいても他者の存在がすべて無視されているわけではないが，その地域の住み手による住み手のための活動が中心となるのはごく自然なことである．そのこと自体は当然のことではあるが，他者の視点を併せもつことによって，地域づくり・まちづくりの構図はさらに広がり，かつ深まることができる．

　少子化・高齢化が進む地域社会において，ひろく関係人口を地域外にまで広げることによっておおきな可能性も見通すことができる．関係人口の拡がりによって，地域に雇用の機会が増し，地域の多様な生業を巻き込むことによって地域経済の活性化に寄与することができる．同時に，他者とかかわることは，地域の日常を見つめなおす新しい目をもたらし，地域の人々が

自らの生活する場を新鮮な目で振り返り，生き甲斐を持てる契機となり，普段は出会う機会が乏しい他者との新しい出会いの場ともなる．観光まちづくりはそのための有力な手だてとなり得る．

本書のタイトルには前著からの「見方・調べ方」と並んで「考え方」が新たに加えられている．観光まちづくりというアクションを起こすにあたっては，地域資源を客観視することから出発して，地域内外の人々との関係のなかでそうした資源をいかにうまく活用していくのかの知恵が求められることになる．つまり，いかに地域を動かしていくかの説得力のある論理が必要なのである．

そのためには地域の「見方・調べ方」を明示することにととまらず，明らかになった地域の個性をどのように評価し，活かしていくかという「考え方」を示すことが必要である．こうした考え方が地域で共有されることによって，地域の力，いわゆる「地域力」が増進されることになる．これが書名に「考え方」が加わった理由である．

▌本書の構成

本書は，前二著同様，現場主義の上に立っている．ただし，それはたんに現場を大切にする，現場に赴く，現場の人の声に耳を傾けるということだけでない．現場主義には，客観的な目で現場を見つめ，有効な手段で現場を動かしていくことが必要である．そのためには観光や交流の発想が有効である．観光や交流を通して，地域のさらなる可能性を探ることができる．

そうした考えのもと，本書は「地域を見つめる」ことを主眼とした第一部と，「地域を動かす」ことを目指した第Ⅱ部というふたつのパートから構成することとし，最終的に観光まちづくりの実践や提案に向かう力を養うことができることを目指した．

第Ⅰ部は，「地域を見つめる」ことによって観光まちづくりにつながる地域の個性を明らかにするための調査法の概要を示すパートである．

地域の個性を知るためには，地域をとりまく周辺環境を包含した地域の風景（第1章），自然や文化遺産など，地域の風土や資源（第2章），市街地の立地や空間構造（第3章），地域社会のありよう（第4章），地域の交通や経済，観光客の動態，各種の統計（第5・6章），観光まちづくりに関連する制度や政策，計画，事業の現況（第7章）についての情報を当事者が共有する必要がある．そのための調査法と留意事項を章ごとにまとめている．

これらの地域の個性を調査するにあたって，観光や交流のための資源という観点から評価するために，どのような点に留意しなければならないかに関しても，各章において触れている．

第Ⅱ部は，第Ⅰ部で得られた地域の個性を活かして，観光まちづくりを構想するために必要な考え方について概要を示すパートである．多様な視点で「地域を動かす」ための手段や方法を例示している．

観光まちづくりをすすめるためには，地域の将来像を説得力のあるビジョンで描き，それを地元の人々が共有することが求められる（第8章）．また，第Ⅰ部で得られた地域資源に関す

る情報をどのように観光まちづくりに活かしていくかということから出発する必要がある（第9章）．さらに，観光まちづくりをすすめるためにそれぞれの組織や主体がどのような関係を構築し，役割分担をしなければならないか（第10章）について論じる．

一方で，観光まちづくりを考える時には，災害への備え（第11章）や観光まちづくりへ向けた情報発信のあり方（第12章）にも留意する必要がある．

第Ⅱ部を通して観光や交流の観点を加えたまちづくりを構想していくための道すじを示すことを企図している．現場に依拠すると同時に他者の視点も大切にしてまちづくりをすすめていくための手段や方法を示している．こうした営みをとおして，地域は前進していくことになる．

■「地域を見つめ，地域を動かす」

従来の調査法の解説書は，地域を見つめる手法について述べることを主眼としていたため，そこで明らかになった情報を地域に還流し，そうした情報を生かして地域を動かすことにいかにつなげていくかという点に関してはそれほど意識的ではなかった．本書は，一歩踏み込んで，まちを元気にし，「地域を動かす」ことを念頭において，地域を見つめなおすことから始めるという構成をとっている．

その背景には，人口減少や高齢化，東京一極集中などのわが国の今日的な問題がある．また，一方では21世紀はアジアの時代とも言われるほどに元気な近隣諸国があり，情報が瞬時にネットワークのもとで拡散していく情報化社会の実現がある．

地域をローカルにとらえると同時に，同じ地域をグローバルに見直すことによって，あるいは地域を生活者の視点でとらえると同時に，他者の視点でも見直すことによって，わたしたちの地域もふたたび活力を取り戻すことができるという確信をわれわれ執筆者一同，共有している．むしろ，地域がさらなる活力を得るためにも，新しい目で地域を見つめなおす必要があるのではないだろうか．とりわけコロナという未曽有の危機を経験して，一層その思いを強くした．

その契機を観光まちづくりが与えてくれる．観光まちづくりによって，地域環境を守り，活かすことを通して，地域経済を活性化し，地域社会を元気にすることができる．少なくともそうした施策の一翼を観光まちづくりは担うことができるだろう．

執筆にあたっては，それぞれ各地の具体的なまちづくりやそのための施策づくりを実践してきたメンバーが，各自の経験を持ち寄り，議論をたたかわせ，初学者にも容易に理解が進むように，図表を多用し，具体的な事例を用いることとした．

観光まちづくりから出発する本書が，「地域を見つめ，地域を動かす」ための力になることを願いつつ．

著者を代表して　西 村 幸 夫

目　　次

第 I 部　地域を見つめる──観光まちづくりにつながる地域の個性を知る

第 1 章　地域の風景を知る〔下村彰男・堀木美告〕　2

第 2 章　地域の暦を知る〔小林　稔・堀木美告〕　13

第 3 章　地域の空間構造を知る〔児玉千絵〕　24

第 4 章　地域の社会構成とつながりを知る〔嵩　和雄・清野　隆〕　33

第Ⅰ部
地域を見つめる──観光まちづくりに
つながる地域の個性を知る

地域の個性を観光まちづくりにつなげる

　表題に示されているように，観光まちづくりは地域の個性をよく知ることから出発しなければならない．第Ⅰ部では，調査資料や統計データを通して地域の資源や課題をより深く理解する際に，気づきをえるための調査方法に関して幅広く紹介している．

　地域調査は，調査のための調査であってはならない．論文作成のための調査であってもならない．地域調査の結果は地域に還元されなければ意味がない．たしかにどのような状況であっても，実際に実地調査を実施すると，あるいは統計データを収集すると，なにがしかの傾向や特徴を見出すことはできるかもしれない．しかし，地域の課題や可能性を明らかにするための調査であることを常に意識しながら調査を行わないと，調査のための調査になりかねない．

　調査の基本は現場に立つことである．しかし，むやみに現場に急行すればいいということではない．裏付けとなる統計データや地域の過去の経緯など，地域をめぐる広範な情報をあらかじめ収集することが必要である．

　そうした基礎知識を持って，あるいは常識的な思い込みを排除して，あらためて地域を客観視して，現場に立つ必要がある．そして，地域理解をより深めることによって，観光まちづくりにつなげたい．

　地域をよく知ることによって，地域の強みや弱みをよりよく理解することができる．地域の強みや弱み，すなわち地域の個性を十全に理解することによって，観光まちづくりに向かう姿勢が固まることになる．地域の弱みというとマイナスイメージばかりが思い浮かぶが，地域の課題や問題点を知ることによって，地域をよりよい方向へ前進させる契機となるとも言える．あるいは弱みを逆手にとるまちづくりも，あり得るかもしれない．

　地域は異なっているからこそ価値がある．そしてその価値は地域にとってかけがえのないものである．そうした地域の宝が地元で共有されると，地域にはひとつの目標が生まれることになる．大切な宝を守り育てること，そしてそれをまず自らが享受し，さらにそれだけにとどまらず，観光や交流を通して他者にアピールし，他者と共有することによって，地域の価値はさらに増幅されることになる．それはひとつの地域を越えた価値となり得る．

　「観光まちづくり」をすすめるために，第Ⅰ部では，地域を枠づける周辺環境の歴史的・社会的理解など，風景に反映された地域の個性を知ること（第1章），有形無形の文化的資源や自然の暦の理解とその視覚化のための基礎を学ぶこと（第2章），地形やそこでのまちの変遷，地域の具体的な空間構造の理解のほか外部とのつながりについて知ること（第3章）から出発している．

　地域の人材とその得意分野の把握はまちづくりには不可欠である．加えて，地域社会のつながりや関係人口のネットワークなどを通して，観光まちづくりの人的資源の全体を知ること（第4章），観光まちづくりにおいて重要となる交通および観光関係の統計データの理解（第5，6章），地域環境もしくは地域資源にかかわる法制度や行政計画の概要（第7章）に関する調査法および調査結果を基にした地域理解のあり方に関して概説している．

第1章　地域の風景を知る

　風景は，山や森林，河川，家屋や社寺，田畑，道路などなど，地域に存在する様々な要素の組合せとして現出している．その組合せや重なりには，地域の地理的な条件や気象条件，そして生業や生活の歴史など，地域ならではの背景が要因として深く関与している．そのため風景は地域特有のものとなることから，地域の個性を象徴する重要な地域資源といえる．

　そして地域の風景を知ること，つまり地域の風景の特質を把握し，その背景について考えることは，地域を知ることの大きな手がかりを与えてくれる．

1.1　地域の資源と個性

a.　様々な地域の資源と魅力

　各々の地域には様々な資源がある．資源とは，人間の諸活動のために利用可能なものと定義されており，この本では主に観光やまちづくりにおいて活用されるものを指す．例えば，山，湖，動植物などの自然資源，城やまち並みなどの有形の人文資源，また，祭，食などの無形の人文資源などもある．その他，博物館や動植物園などの人工施設資源，技

表 1.1　資源種別ごとの把握・整理

自然資源	山岳，高原・湿原・原野，湖沼，河川・峡谷，滝，海岸・岬，岩石・洞窟，動物，植物，自然現象
人文資源	史跡，神社・寺院・教会，城跡・城郭・宮殿，集落・街，郷土景観，庭園・公園，建造物，年中行事，動植物園・水族館，博物館・美術館，テーマ公園・テーマ施設，温泉，食，芸能・スポーツ

[参考：(公財) 日本交通公社 (2020) 全国観光資源台帳]

術・技能に関する名人や職人などの人的資源など多様に存在する．そして本章の主題である風景もまた地域の重要な資源の1つである（表1.1）．

　いずれにせよ，観光客にとっては訪れた地域の魅力となり旅先で楽しむもの，また，住民にとっては地域コミュニティで共有する拠りどころとなるものであり，観光まちづくりを進めていく素材として重要な存在である．

b.　地域資源について

　そして資源の中でも，風景のように各々の地域に固有で，その地域に行かないと魅力を享受できないものを「地域資源」と呼び，一般的な表現である「資源」とは区別して用いられている．

　行政においても，「地域資源」という用語は2000年代から多く使われるようになり，そ

図 1.1 様々な地域資源：山，家屋，祭，食
（筆者撮影）

の有効活用が，地域の振興や活性化において重要な戦略と認識されるようになる.

この「地域資源」という用語の概念的枠組みとしては，特定の地域に存在する特徴的な有用物で，人間の営為が加えられることによって生産力の一要素になり得るものとされている（図1.1）. そして具体的には，a. 他地域への移動が困難な「非移転性」，b. 地域資源相互の有機的な「連鎖性」，c. 市場メカニズムに馴染まない「非市場性」，が指摘されている. 共通して，地域に特有なものであること（固有性），地域の人々の営為と関わりを有し有用で，相互に関係を有していること（複合性）が挙げられ，有形・無形，顕在・潜在を問わないものとされている.

このように考えると，究極的には各地域の個性的な生活様式（人と地域自然との関わり方）や生活文化，そしてそれらを有した地域自身が資源ということになる. しかし，その地域を構成する個々の要素についても，相互の関係や地域の暮らしとの関わりの中で，地域ならではの特質を有するものに関しては地域資源ということができる.

c. 「地域の個性」について

こうした地域資源への関心は，行政制度にも表れており，2000年代において「地域」

自身への関心が顕在化するとともに，「地域の個性」に対する着目がみられるようになり，地域資源の取り扱いにも結びついていく.

後に第7章で述べるように，国土交通省，観光庁，環境省，文化庁などで，それぞれに地域づくりや地域個性の保全・活用に関わる法制度などが整えられていく. そして，これら一連の動きでは，各法制度などが扱う内容によって対象が異なるものの，基本的には地域の自然的・文化的な独自性を重視し，それを支える地域資源の取り扱いに官民協働で取り組むことが目指されている. 地域づくりに関わる事業を，全国一律に一定の基準で進めるのではなく，地域が自立的に，地域の個性を大切にし，それを活かしつつ進めることを促すという考え方である.

このように，「地域らしさ」や「地域ならでは」といった地域の個性は，人々が地域に愛着と誇りを持って暮らし続けるうえで重要な存在であると捉えられるようになってきた. したがって，そうした地域の個性を支える地域資源の保全・継承や持続的な利活用を通して，適切な地域の環境や社会のあり方を考え観光まちづくりを進めることが重要である. そして，その過程でさらに地域の個性が磨かれ，地域資源の価値を高めることにも結びついていく.

1.2 風景は重要な地域資源

a. 地域と風景

地域で暮らす人々，地域を訪れた人々が共通して目にする「地域の風景」は，複数の地域資源が地域ならではの組合せによって形成されたものであり，地域の人々と各々の資源と関わりが積層した地域の歴史が刻み込まれ

ている（図1.2）．したがって，基本的に先述した固有性や複合性を有する象徴的な地域資源として，人々が「地域の個性」を知るうえで重要な手がかりを与えてくれる．

つまり風景は，環境に関わる様々な情報を人々に伝え，人はその状況に対応して環境に働きかける．そして，その繰り返しが風景を形成・醸成していくことになる（図1.3）．

このように風景は，地域の人々と地域の環境との相互関係の中に立ち現れるものであり，各々の地域独自の関係が築かれる中で，みる人に「地域らしさ」「地域ならでは」を提供する重要な地域資源といえる．そしてその風景の成り立ちに関わる地域の自然や歴史をあわせて知ることで，地域への認識や理解を深め，地域に対する愛着や親近感を喚起することにつながる．

したがって，地域の個性的な風景を日々の

図 1.2　フクギの屋敷囲い（沖縄県備瀬）
碁盤の目状に並ぶ屋敷を囲うフクギが集合して森のような風景を形成し，この地域特有の台風をはじめ強い風から，屋敷と内陸の農地を守ってきた（左：全景，右：内部）．
［写真：東京大学森林風致計画学研究室］

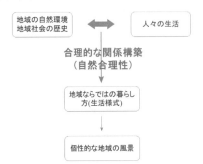

図 1.3　風景における地域個性の形成過程
地域の自然環境や地域社会の歴史と良好にコミュニケーションし，合理的な関係を構築することが，地域独自の暮らし方そして個性的な地域の風景を創出する．

暮らしや成長の過程で共有することで，地域コミュニティの「絆」を深めることにつながり，災害などの非常時においても，地域ならではの風景の復元や個性の回復が，地域コミュニティの再生や活性化に貢献することにもつながると考えられる．

b. 人と風景

また，人は身の回りの風景から得られた環境の情報に基づいて行動することから，風景は人々の意識や行動に大きな影響を与えるものでもある（図1.4）．身の回りの環境と自分との関係を読み取り，容易に行動できると判断される場合に身を落ち着けることができるとされている．例えば，見慣れた風景，山や川に囲まれた風景など，空間や時間そして社会に関わる情報を瞬時に把握し，その環境の中での自身の位置付けを読み取れる（オリエンテーション（定位）できる）場合に寛ぐことができるのである．

つまり，地域の人々にとって，日々の暮らしの背景，暮らしの所産としての風景が，変わらずに地域らしさや地域ならではの個性を持ち続けることは，地域の人々が心安らかにそして快適に暮らせることにつながる．また，こうした点は，観光客に長期の滞留・滞

図 1.4　境界処理による印象や誘発行動の差異
人は風景を通して身の回りの環境の状況を読み取り，その印象や次の行動を判断する．（筆者撮影）

在を促したり，愛着を感じて何度も訪れてもらううえでも重要なポイントとなる．

容易にオリエンテーションできるとともに，地域の自然や歴史の特質性を読み取ることができる風景の形成を促すことは，観光まちづくりの要諦といえる．

1.3　風景の構成を分析・把握する

本節では風景を「地域の環境を構成する視覚的な要素の総体」と位置付けたうえで，観光まちづくりを目的として地域の個性について検討する作業の一環として，風景の構成について分析・把握する際の基本的な考え方と手法について述べる．

a. 風景の2つのスケール

風景の現状把握を行う場合，その対象地域を2つのスケールで捉えることが重要である．1つのスケールは，対象とする地域の風景の全体像，すなわち地域環境を構成する視覚的な要素を俯瞰的に概観する「全体風景」であり，もう1つのスケールは，住民や来訪者がその地域で実際に体験する空間の視覚的側面としての「シーン」である．

前者は大局的な風景の捉え方であり，視点（風景を眺める際の視点の位置）や視対象（風景を眺める際の対象となる具体的な事物）

を特定しない（図1.5）．これに対して後者は特定の視点場と視対象の存在を前提とした局所的な風景の捉え方である．

一般的に「風景」といった場合に思い浮かぶのは後者だと考えられるが，両者は相互に密接な関係にある．例えば，長崎県佐世保市付近を俯瞰すると，海岸線が複雑に入り組み大小様々な規模の島嶼を擁する多島海の様子が全体風景として立ち現れる．また海岸沿いの限られた平地に市街地が発展していることや，規模の大きな湾の最奥部には埋め立てによって埠頭が造成され造船関連の産業が立地していることなどもみて取れる．一方で実際にその地域に立ち入ってみると，多島海の景観的多様性を示す様々なシーンが包含されていることがわかる（図1.6）．全体風景がシーンの相違にもつながり，両者は不可分なものである．

図1.6　多島海の全体風景とシーンの例
全体風景として入り組んだ海岸を示す佐世保市付近の海岸．その中には多島海の景観的多様性を示す様々なシーンが包含される［中央画像はGoogle Mapより画像©2022 CNES/Airbus, Landsat/Copernicus, Maxar Technologies, NSPO 2022/Spot Image, Planet.com, 地図データ，他は筆者撮影］．

図1.5　見下ろす視点と見上げる視点
視点の位置により風景の見え方は大きく異なる．見下ろす視点と見上げる視点の一例．左は展海峰（長崎県佐世保市）から見下ろした多島海，右は隅田川（東京都）から見上げた首都高速道路［筆者撮影］．

b. 風景要素と風景構造

風景の側面から地域の個性について検討する際には，全体風景とシーン双方のスケールで「風景要素」と「風景構造」を明らかにす

風景の二つのスケール	全体風景 ⇕ シーン	**風景要素** 風景を構成する個々の要素	**風景構造** 風景要素相互の関係性

全体風景としての風景要素 ● 地形・水系 ● 植生、土地利用 ● 集落、道路　等	**全体風景としての風景構造** ● 地形と集落の関係性、 ● 土地利用の階層構造　等
シーンとしての風景要素 ● 山地・丘陵・台地・平地 ● 河川・湖沼：海岸 ● 森林・耕作地、樹木、社寺 ● 家屋、外構、道　等	**シーンとしての風景構造** ● 仰景・俯景 ● 障景、対景 ● 通景、框景　等

図 1.7　風景要素と風景構造

ることが重要である．

　風景要素とは地域の風景を構成する地形や植生などの自然的要素，それらの上に形成される人文的要素など，風景を構成する個々の視覚的要素を指す．一方，風景構造とはそれらの風景要素の相互関係を指すものである（図1.7）．

　特定の視点・視対象に限定しない俯瞰的な眺めである全体風景のスケールにおいては，風景要素として地形や水系といった地質的要素，植生を中心とする生物的要素，人々の生活・生業の平面的分布としての土地利用，集落や道路の広がりに着目する．またそれらの要素間の関係性，すなわち風景構造として

は，とくに地形と集落の関係性，土地利用の階層構造など，マクロな要素相互の位置関係を大局的に捉えることを主眼とする．

　例えば，漁業・水産業に従事する住民の多い海岸沿いの地域でも，海への眺望が得られる高台の集落や，海に隣接する舟屋主体の集落など，その海と集落の関係性は土地によって大きく異なり，その背景にはその地域固有の自然環境の下で育まれてきた人々の暮らしの蓄積があると考えられる（図1.8）．

　また，水田が広がる風景は多くの人にとって馴染みのあるものと思われるが，その有り様はその土地の気候や地形・水系といった自然環境によって大きく制約を受ける．その結果が集落と農地の位置関係，農地の区画割などに影響し，地域の個性を反映した多様な水田の風景として立ち現れているといえる（図1.9）．

　一方で，視点と視対象が明確な局所的風景であるシーンのスケールにおいては，風景要素として山地や丘陵，台地，平地といった地形の立体的な見え方や，河川，湖沼，海岸といった水辺空間の分布と形態，森林や耕作地など自然と人為の影響が入り交じった植生，個々の社寺や家屋，それらを取り巻く

■岩手県宮古市

海を遠望する高台の集落

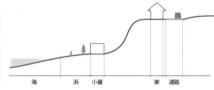

■京都府伊根町

海に隣接する舟屋の集落

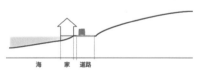

図 1.8　海と集落の関係性
宮古市（上）では津波の被害を避け高台に集落が立地する一方，作業のための番屋を浜辺に配置する例がみられる．伊根町（下）では対照的に家屋と浜辺が極めて近接している［出典：下村（2011）］．

図 1.9　水田を含む多様な風景
左上から，平野部の水田，山間部の棚田，都市近郊の
谷津田，小河川沿いの水田［筆者撮影］.

外構，地域内外の人流・物流ネットワークで
もある街路など，あらゆる視覚的要素を注意
深く観察する．また風景構造としてはこれら
のミクロな要素相互の微細な関係性（空間
的・位置的な関係性と歴史的・意味的な関係
性の双方）に注目する．

　例えば，観光客が集う各地の街並みに目を
向けると，街路の傾斜や背後の山並みといっ
た自然条件に起因する要素と，建築物の特徴
や外構空間のデザイン，街路空間の利用の仕
方など人間の活動に起因する要素が相互に作
用して，それぞれのまちの個性が感じられる
眺めを生み出していることがわかる（図
1.10).

　また，各地の水辺空間に目を向けてみる

図 1.10　観光客が集う街並みのシーン
左上から，川越一番街，鎌倉・小町通り，京都・産寧
坂，宮島・表参道［筆者撮影］.

と，農林水産業をはじめ水資源の豊かな恵み
を受けて成立する様々な生業や，降水量など
自然条件の制約の中で工夫が凝らされた日常
の生活など，人々の暮らしと水の関係性は実
に多様である．視覚的情報としての風景の裏
側にあるこれらの関係性を読み取り，地域の
個性の把握につなげることが重要である（図
1.11).

図 1.11　人々が生活する水辺のシーン
左上から，網走・サケの水揚げ，手賀沼・ハス田，小木
海岸・観光に転用されたたらい舟，神田川・都市河川に
かかる橋梁［筆者撮影］.

c.　全体風景の把握

　風景を通して地域の個性を把握する作業の
実際として，まず全体風景に注目して対象地
域の風景を大局的に捉えることになる．

　特定の視点と視対象を前提としない全体風
景は，自ずと地域の俯瞰的な眺めと重なる．
それぞれの風景要素を抽出し，その平面的広
がりや分布を把握したうえで，それぞれの風
景要素の関係性を読み取るため，地形図，植
生図，土地利用図，航空写真などの2次元情
報の他，3Dマップなどを活用すれば俯瞰的
視点から立体的な風景の全体像を理解する手
助けとなる．また，絵図などの活用は地域の
時間軸に沿った変遷を捉えるうえで効果的で
ある．

d. シーンの把握

シーンの把握では，地域内の実際の視点と視対象がセットとなって立ち現れる風景を想定し，それぞれの風景を構成する要素と，それらの要素がどのように組み合わさって風景として構造化されているかに着目する．

現地調査が不可欠だが，近年はGoogle Mapのストリートビューが充実するなど，遠隔地のシーンを擬似的に体験することも可能となった．現地調査をより効果的なものとするため，これらのツールも活用して事前準備を十分行うことが重要である．

また，視点と視対象が明確なシーンについては，風景要素を局所的かつ具体的に把握するため，資料として地域の風景の一部を切り取って記録した写真や絵画が有効である．

同時に，特定の視点と結びついていることから，シーンの形成には視対象を眺める主体の関心が反映されるといえる．地域によってはそうした主体の関心が色濃く反映された「八景」や「百景」が選定されており，地域内でどのような風景要素や風景構造が人々に評価されてきたかという点で興味深い資料となる．

ただし主体の関心は時代とともに変遷するため，今日的な視点で風景を把握する際には，それらが選定された時代背景にも留意する必要がある．近年は地域活性化の観点からこれらの「景」を公募・選定するケースもみられる．それらの結果も風景の把握の際に参照できるが，事業主催者の意図や，選定の意図，応募者の立場（住民か域外からの来訪者か）などにも目を向ける必要がある．

例えば琵琶湖南部では，中国の瀟湘八景に範をとり8つの優れた景勝を選定した「近江八景」が知られるが，同地では後に琵琶湖国定公園への指定（1950年）を契機として

「琵琶湖八景」が選ばれている（図1.12）．両者を比較することで当地における実際の風景の変遷に留まらず時代背景とともに変化した風景へのまなざしや，視覚的な興味対象の変化についても窺い知ることができるだろう．

その他，一般的な絵はがきやガイドブック，パンフレット類なども同様の観点から重要な分析対象となるが，これらの分析に際しても時代的背景に留意する点は同様である．

図 1.12　近江八景と琵琶湖八景
[出典：滋賀県ホームページ]

1.4　風景の変遷を調べる

a. 地域の履歴

住民や観光客など，人が目にする風景の中には，様々な地域の歴史が刻み込まれている．そこで，風景の変遷を通して地域の歴史を把握することも，観光まちづくりにとって重要な作業である．

個々の風景要素，例えば住宅や建築物の中にも古い時代の家屋もあれば，最新デザインの建築なども存在するし，かつて存在していた城郭や堀が失われ現在はみられないといったことなど，単体の資源が語る歴史がある．

また，まち中の建物が高くなり，かつてみえていた周辺の山々がみえなくなったとか，都市化や農業技術の進展によって，近代以降の集落周辺の風景が変化したなど，資源相互の関係あるいは地形や土地利用の組合せによ

る地域の全体風景の変遷が，シーンに影響を
及ぼすようなケースも存在する（図1.13）.

図 1.13　時代による外構素材の変化
かつては建築物や外構には地域の素材が使われ，各々に
個性的なまち並みが現出していたが，工業製品が使われる
ようになり均質化が進んでいる.（筆者撮影）

つまり風景の変遷や履歴を辿ることは，
人々が時代の価値観や要請に応じて，どのよ
うに地域環境との関係を築いてきたのかを把
握することにつながる．そして，その過程で
他地域との差異や普遍性について合わせて検
討することにより，地域の自然や歴史・文化
の特性，地域の個性について考える重要な機
会となる.

b.　風景の変遷の調べ方

風景の変遷を調べるための資料としては，
地形図，空中写真，絵図といった地図情報，
そして，写真，絵はがき，絵画，錦絵などの
シーン情報，また文書などの文字情報も重要
であり，これらを組み合わせ把握していく.

1）地図情報

風景の現況や変遷を知るうえでは，全国的
に一定フォーマットで整備され，しかも時代
を辿ることのできる国土地理院発行の地形図
が基本である．この地形図は1/50,000あるい
は1/25,000縮尺の地形図が基本であり，場
所，縮尺によって異なるものの，明治期にま
で遡ることができる．そして，都市部が中心
であるものの1/10,000の大縮尺地図や，
1/200,000の地勢図など，多様な縮尺の地図

が存在し，調査する広さや精度に応じて使用
することができる.

この他，土地利用図，土地条件図，都市計
画図，住宅地図，植生図など，国土地理院の
みならず自治体や調査会社が刊行する主題性
のある地図も活用できる．そして1950年代
からは全国レベルで空中写真を入手すること
ができ，得られる情報が多いことから風景の
変遷を把握する資料としては重要である.

また都市域などでは，軍部による測量地図
などが明治期から残されている他，近世以前
の切り絵図も多く残されており，現代の土地
利用との比較が可能である.

2）シーン情報

もちろん，風景の変遷はシーン情報からも辿
ることができる．温泉地をはじめとする観光地
では，古い写真を自治体が書籍化している
ケースは少なくない（図1.14）．また，観光地
の場合には，古い時代の絵はがきが残されて，
地域の図書館などで目にするケースもある.

写真に関しては，来訪外国人による幕末頃
からの紀行写真集もあり，当時の風景や風俗
について知ることができる．また，近世以前
については，図会（図や絵を集めた冊子）か
ら様々な情報を得ることができる．図会は，
地域を紹介するガイドブックのような性格を
有しており，四季折々の名所や景物，あるい
は時代の風俗を紹介する形式のものもある
（図1.15）.

図 1.14　由布院温泉における新旧の写真比較
地域の古い写真との比較により，風景の変遷を調査する
ことが可能である.［左：由布市，右：筆者撮影］

図 1.15　近世の浮世絵や図絵にみる活動風景［江戸名所花暦（復刻：八坂書房）］
近世の浮世絵や絵図も風景の変遷を知るうえで重要な手がかりとなる.

1.5　風景の地域個性を検討する

a. 風景を読み解く：風景と背景

　風景が地域の環境と人々の営みとの相互関係を通して形成されることはこれまで述べてきたとおりである．したがって，風景には，地域の人々の営みの歴史が刻まれており，観光まちづくりを進めるうえでは，地域の風景を読み解くことが基本である．

　現在の風景をそして風景の変遷を読み解くこと，つまり風景形成の背景を把握することは，人々が地域の環境とどのような関係を築いてきたのかを知ることに結びつく（図1.16）.

　風景の背景つまり風景形成の要因としては，自然条件（地形・気候など），そして社会条件（歴史・産業など）との関わりが挙げられる．集落をはじめ農地や森林などの土地利用の状況は地域の風景を特徴付けるものであり，地域の地形や産業の歴史などと深い関係を有している．また，災害の歴史なども地域の風景に大きな影響を与えるものである（図1.17）.

　そして先述したように，人は単にぼんやりと風景をみるだけではなく，風景から様々な情報を読み取りながら，総合的にその風景に対する印象を感じ取ったり評価を行ったりして，次の行動に結びつけていく（図1.18）.

　したがって，風景が形成されてきた背景である地域の自然や歴史に関する情報を適切に伝えることで，風景体験をより豊かなものにすることも可能である．ツーリズムガイドから説明を受けながら地域を旅することで，より興味深く豊かな体験ができるのは，そうした情報提供による効果に他ならない．

　一方，地域の風景が，地域の自然や歴史を刻み込み，人々が無意識にその背景を読み取るがゆえに，無造作な風景整備が，土地の歴史認識を混乱させるケースも生じている．風景整備に際しては，地域の歴史や自然の特徴に十分配慮して取り組む必要がある．

b. 風景の地域個性

　そして，地域の風景を読み解く過程では，地域の営みや文化の特徴，つまり地域の個性について検討・把握することが重要である．

　地域の立地による植物や土石など素材の固有性は風景に個性をもたらすものであるし（図1.19），古い災害の歴史も地域の風景に大きな影響をもたらすものである．

　こうした地域の個性を導出するうえでは，

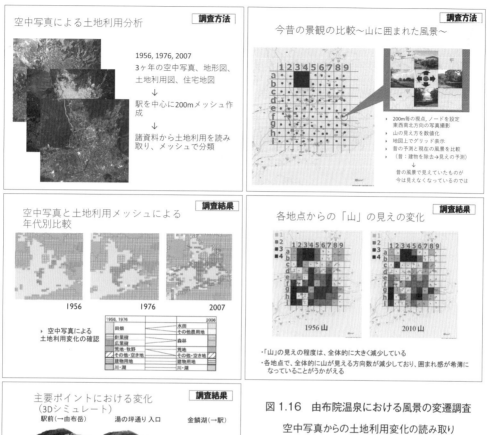

図 1.16　由布院温泉における風景の変遷調査

空中写真からの土地利用変化の読み取り
↓
PC などを用いた地点別の風景の変遷
↓
建築物の高度化によるシーン景観の変化
・山の見えと囲まれ感

諸情報を組み合わせて，地域の特徴的な風景の変遷を把握することが重要．この事例では，周辺の山が見え「囲まれ感」のある風景の変遷を調査している

類似した他地域の風景との比較が有効である．地域の風景の個性を導くには，地域ならではの営みとの関係を深く掘り下げていくことが重要であり，風景の表現として，山，森，緑，宿場，街道，水辺などの抽象表現に留めず，類似した風景とどの点が異なるのか，そしてその差異が，地域の営みといかに関わっているのかについて十分に検討することを通して，地域ならではの風景の特性・個性を抽出することが重要である（図1.20）.

現在の街区（筆者撮影）

現在の玉川上水（筆者撮影）

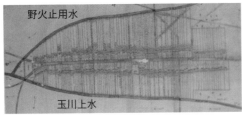
野火止用水

玉川上水

図 1.17　近世の土地利用の現代の風景への影響
武蔵野台地における近世の新田開発の歴史が現代の街区形状に刻まれており，庭の緑が長く続く独自の風景を生んでいる［小川村短冊形地割図（「小川家古文書」より：小平市立図書館・こだいらデジタルアーカイブ］.

黒瓦の屋根：愛知県常滑

石州瓦の屋根：島根県温泉津

茅葺き屋根：京都府美山

藁葺き屋根：韓国河回村

図 1.19　地域素材による風景の地域らしさ付与
屋根がつくりだす風景も地域により異なっている．茅葺瓦屋根といった材質の違いはもちろん，瓦1つとっても地域の土質由来の色が発現する.（筆者撮影）

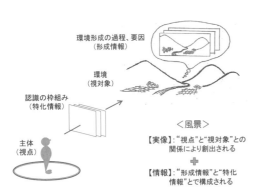

環境形成の過程、要因
（形成情報）

環境
（視対象）

認識の枠組み
（特化情報）

主体
（視点）

〈風景〉
【実像】："視点"と"視対象"との
　　　　関係により創出される
＋
【情報】："形成情報"と"特化
　　　　情報"とで構成される

図 1.18　風景認識モデル
人は単に実像（画像）としての風景をみるだけでなく，風景の形成を支えてきた地域の自然や歴史の特徴などの諸情報をも読み取り，風景体験をより豊かなものとする.

大分県日田

宮崎県諸塚

福島県須賀川

静岡県天竜

図 1.20　杉をはじめ森林風景の地域による差異
地域の森林を中心とする山の風景も，地域の生業の歴史に応じて異なっている.（筆者撮影）

文　献

七戸長生，永田恵十郎 編（1988）『地域資源の国民的利用 新しい視座を定めるために』，農山漁村文化協会

林　岳（2019）地域資源とは何か，『持続的な地域資源の活用システムの構築』所収，農林水産政策研究所

ノルベルグ・シュルツ（1973）「実存・空間・建築」，鹿島出版会SD選書78

下村彰男（2008）森林風景の計画設計と地域づくり，『森林風景計画学』所収，地球社

下村彰男（2011）風景という絆，地域づくりと風景計画東京大学農学部公開セミナー第41回「未来を創る農学・未来を考える農学」

下村彰男（2019）風景計画とは―ランドスケープ・リテラシーのすすめ―，日本造園学会・風景計画研究推進委員会 監修，『実践 風景計画学―読み取り・目標像・実施管理―』所収，朝倉書店

日本造園学会・風景計画研究推進委員会 監修，古谷勝則，伊藤　弘，高山範理，水内佑輔 編（2019）『実践 風景計画学―読み取り・目標像・実施管理―』，朝倉書店

篠原　修 編（2021）『景観用語事典 増補改訂第二版』，彰国社

第2章　地域の暦を知る

小林　稔・堀木美告

人々は自然界の様々な現象の中から時間的な周期性，すなわち1年を単位として繰り返す季節性を読み取り，その季節性に同調する形で日々の生活・生業を営み，文化を生み出してきた．人々の生活のリズムの基軸ともいえる季節の移ろいは，南北に長い日本の国土の地理的特徴を映して多様性に富み，地域の個性につながる有形無形の「暦」となる．

地域の暦に目を向けることは，自然界の季節性や人間社会の周期性といった時間的要素を意識して地域をみつめることである．季節ごとの地域の姿を大局的に捉え，その特性を把握することにつながるだけでなく，季節に応じて立ち現れる地域資源がその空間軸と時間軸の中でどのように影響し合っているのかを理解することにもなり，地域の個性を把握する重要な鍵の1つとなる．

2.1　暦に現れる地域の個性

a. 地域の個性を形成する時間軸

地域の個性を把握する際に注目すべき時間的要素は2つに大別される．1つは過去から現在に至るまで地域が歩んできた来歴，すなわち「歴史」の時間軸である．過去から現在

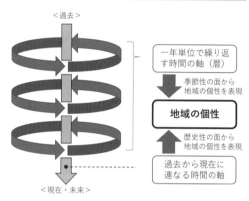

図2.1　地域の個性につながる2つの時間軸

に向けて（さらには未来に向けて）流れる不可逆的な時間の流れであり，地域が現在の姿となるまでにどのような変遷を経てきたかを示す重要な要素である（図2.1）．

もう1つが1年単位で繰り返す周期的な時間の要素，すなわち季節性を表す「暦」である．地域はそれぞれ異なる立地条件のもとに成り立っており，したがって自然環境の面，生活・生業の面それぞれにみられる四季の移り変わりの様相も異なる．この違いもまた，地域の個性を知るための手がかりとなる．

前者は歴史性という側面から，後者は季節性の側面から地域の個性につながるものだといえるが，本章では「歴史」の時間軸にも留意しつつ，主として周期性・季節性のある

「暦」の時間軸に着目して地域の個性を把握する取り組みに触れる.

図2.2 自然界の季節性と人間社会の周期性

b. 自然の多様性と文化の多様性

暦は, 人々が天体の運行や気象現象, 動植物の生活史など, 自然界の様々な事象を観察・観測した結果から見出した周期性に着目して, 日々の暮らしを営むうえでの助けとしてきたものである. 農林水産業をはじめ自然環境に大きく依拠する生業も, それらの生業を中心とする人々の生活との深い結びつきの中で育まれた文化も, それぞれの地域において周期性(とくに1年を単位とした周期性)を示すことになる(図2.2).

2.2 自然環境の周年変化と人の関わり

a. 自然環境の周年変化

人間は季節の移り変わりを1年単位の周期性を示す気象条件(気温, 日照時間, 降水量など)の変化や, それに呼応する生物の行動の変化を通して感じ取る.

例えば春, 気温が上昇するとともにサクラの開花前線が北上し, 南からはツバメをはじめ日本で繁殖する夏鳥が飛来する. 秋には逆に気温は低下して紅葉前線が南下し, 日本で越冬するガン・カモ, ハクチョウ類などの冬鳥が北方より飛来する. このような自然界の

移ろいの一端が「季節感」として共有されてきた(図2.3).

図2.3 季節性の明瞭な自然の風景

しかし日本列島は南北に細長い弧状列島であると同時に, 陸域では標高3,000メートル級の高山も擁しており, 気候帯として亜寒帯(一部の高山では寒帯)から冷温帯, 暖温帯, 亜熱帯までを幅広く含む. そのため, 決して広くはない国土において極めて多様な生物環境がみられるのが特徴である.

また, 一般的に四季が明瞭だといわれる日本であるが, このように地域によって気象条件に差があり, 適応する植物や動物も異なる. 生物環境が多様性に富むがゆえに, その季節の移ろい方も地域により異なっている.

地域の個性を把握する観点からは, これら自然環境の構成要素が周年の時間軸に沿ってどのように変化するかにも注目する.

また, その地域固有の資源だけでなく普遍的な資源にも目を向け, それら資源相互の, あるいはそれら資源と人間との関係性を捉えることが重要である.

b. 自然の周年変化と生業

季節性を示す自然界の様々な現象は, 古くから人々の関心を集めて観察・観測の対象となり, その成果は生活の知恵として蓄積されてきた. 中国では春夏秋冬の四季をそれぞれ

6つに区分する二十四節気，それをさらに3つに区分する七十二候として，自然界の周期的な現象と結びつけて捉える考え方が生まれたが，こうした考え方が日本にも伝わり，各地で農業や日々の暮らしを営む際の目安として活用されてきた（図2.4）．

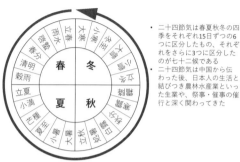

・二十四節気は春夏秋冬の四季をそれぞれ15日ずつの6つに区分したもの，それぞれをさらに3つに区分したのが七十二候である
・二十四節気は中国から伝わった後，日本人の生活と結びつき農林水産業といった生業や，祭事・催事の催行と深く関わってきた

図2.4　二十四節気と七十二候

それが各地に残された「自然暦」であり，「季節環境の中で，特定の人為を遂行すべき適時を判断するための指標を定めて，その指標と人為の連動性を基準として伝える伝承」（野本寛一，2021年）である．

前節でみたとおり生物環境・自然環境が多様であるから，その利用の仕方，すなわち人々の暮らしの営み・生業も地域によって多様であり，自然暦として残された伝承も様々である．自然暦には一般的に自然環境の中の指標あるいは人為に関わる指標を用いて適切

なタイミングで生業・生活を営むための知恵が込められている（図2.5，2.6）．

● タニウツギが咲いたら小豆・大豆を蒔く
（山形県米沢市）
● ヨタカが鳴くとマスが遡る
（福島県喜多方市）
● ツクツクホウシが鳴いたらクルミを採ってもよい
（長野県飯田市）
● 藤の花が咲いたら田のコシラエ（田起こし）をする
（京都府綾部市）
● ハゼの木の葉が赤くなるとサイラ（サンマ）が大漁になる
（和歌山県那智勝浦町）
● デイゴの花が咲いたらスク（アイゴの稚魚）がくる
（沖縄県伊平屋村）

図2.6　自然暦の例
［出典：野本（2021）に基づき筆者作成］

水田での稲作や雑木林の施行も自然環境の周期性と結びついた生業・生活の典型的な例である．これら各地に共通の生業・生活の要素の中にその地域の特性を見出すことも，地域個性を明らかにするうえで重要な態度である．

c. 自然の周年変化と食文化

自然環境や生業に加え，食文化など自然環境と人の関わり方にも注目する．農業の集約化・大規模化，物流ネットワークや食材・食品の鮮度を保ったまま運搬する技術の進展，それらの動きも相まって食文化のグローバル化が進んだことなどによって食の均一化が進んでいるが，食文化も元来その土地の地域性を反映した個性豊かなものだったはずである．

とくに農業の大規模化・機械化が進まなかった地域では，従来からの生産品種や栽培手法，それに伴う農事の進め方が残っていることもあり，丁寧に目を向けることが重要である．

また，伝統野菜など地

指標物・指標事象	→	人　為

■自然環境の中の指標

植物	［木や草の花］蕾，咲き始め，枯木・落花など ［木の葉・草の葉］芽，芽吹き，生長度，紅葉・落葉など ［木の実・草の実］
動物	［鳥］鳴き声，候鳥の去来　ほか ［昆虫］鳴き声，発生量や飛び方　ほか ［その他の動物］
気象	［雪］高山の残雪の形状，雪解けの山肌の形，冠雪・障害の状況，雪崩　ほか ［雹］

■人為にかかわる指標

栽培作物	［麦の穂］［稲の花］　ほか
人の作業	［田植え］［養蚕］［大根間引き］［茶摘み］　ほか

生業	［農業］稲作（田打ち，代掻き，苗代・籾蒔き，田植，稲刈），畑作・焼畑（榛・粟などの種蒔き，野菜類の種蒔き，栽培作物の移植，イモ類の移植，焼畑準備） ［漁業］海洋漁業（魚類漁獲適期，魚類回遊期，貝類採捕適期，海藻採取適期，甲殻類の捕採適期） 内水面漁業（母川回帰魚の遡上期・産卵期・捕採適期，陸封型魚の産卵期・捕採適期，甲殻類の捕採適期　ほか ［狩猟］［養蜂］［椎茸栽培］［畜産］［採集］
生活	［食生活］味噌，甘酒，糀，漬物，芹の禁食，芋類・大根などの貯蔵 ［衣生活］綿入半纏を脱ぐ，冬支度をする ［住生活］雪囲いの着脱

図2.5　自然暦の構成要素
季節に応じた自然環境や人為に関わる様々な指標に基づいて地域の暮らしが成り立っている［出典：野本（2021）に基づき筆者作成］．

場食材を活用した郷土食は食材の利用方法などにも地域個性が表れる．それらの食文化が祭事と深く結びついている場合もあり，それらの要素との関係性も含め捉えることが必要となる．さらには季節ごとの食材生産のシーンが地域を代表する景観（穀物や果樹の実り，水産物の水揚げや加工など）を生み出すことにも注目する．

2.3　四季折々の祭りと行事

a. 暮らしのリズム

昨今，休日といえば休養や趣味行楽の日と受けとめ，誰しもが心待ちにする．しかし，時を遡れば遡るほど，休日とは神ごとの日と理解されていた．つまり，そもそも神仏を祀る日が休み日だったのである．そして，その休み日が織りなす年間の様々な行事日を総じて年中行事と呼ぶ．

年中行事の背景には，当該地域の社会性や生業状況が大きく反映していることはいうまでもない．それが画一的な農林漁業を中心としたものなのか，あるいは商いや諸職といった多角的な業種から拠って立つところなのか，地域が何に準拠し，いかに存続してきたのかを読み取ることは極めて重要なことである．中でも，コミュニティの協力関係の濃淡には注意したい．それによって，自ずと当該行事の仕組みや性格も異なってくるからである．その相貌は，農山漁村のみならず，城下町や宿場町，門前町・商港町などと枚挙に暇がないが，各種行事には，そうしたステージで展開されてきた暮らしぶり，すなわち地域の個性が反映されているのである．

普段の日々，日常を大過なく過ごしていくにあたり，数々の行事は，いわばアクセントとなって暮らしに目処や見通し，楽しみや期待をもたらしてきた．こうしたメリハリのある生活様態のことを暮らしのリズム，生活のリズムなどという．人は傀儡のごとく，無味乾燥に日々を送ってきたわけではない．労働の節目や天候気候など，時の移ろいに準じ，1年（歳）という時間軸の中で順を追って諸行事を位置付け，それらを一つひとつ執り行っていくことで，達成感や充実感，そして成長を感じ取ってきた．つまり，ここから人々の生きる喜びや気風を垣間見ることもできるのである．

b. 神々との交歓

かつて休み日のことは，モノビ，セチなどと呼んでいた．モノビとは物忌み，忌籠りの日，セチとは節，節目の日という意味である．そして，こうした日には，普段，口にしないものを拵えて神仏に供え，神人ともども喜び勇み，これにあずかることでお力をいただいた．これを神人共食という．食を通じて神霊とつながることにより，自らの魂に生気を吹き込み，活気を取り戻していく．つまり，神ごとには繰り返すべき必然性があったのである．このような神々との交歓は，行事や祭りの根幹であり，古くは遊ぶともいった．今風にいえばリフレッシュともなろうが，ここで留意すべきは休み日＝神ごと＝浄

図2.7　ハレ・ケ・ケガレ概念図
ケを日常性とすると，ケガレやハレは非日常性である．時とともに霊力（生命力・気力）は衰え，ケが枯れる，ケガレた状態に陥る．その活性・回復を図るためには，定期的・周期的あるいは臨時の儀礼（行事）が必要不可欠で，それを行うことによって一気にハレがましい状態へと引き上げることができる．

化・活性というコンテクストである.

　日常とは異なる食べ物のことを変わりもの（ご馳走）という. その代表格といえば餅や赤飯であるが, この高揚たる日に頂戴したものには, もちろん他にもいろいろとあって精査を要する. 変わりもの, すなわち行事食には当該地域ならではの食材や調理調整法による, 伝統的な食文化の一端が窺われ, 地域の志向を知るという意味でも看過できないからである. あわせて, ならば日頃は何をもって満たしていたのかという視点も肝要で, 両者の対比を試みるのがよい.

　定期に訪れる月ごとの休み日は, およそ1日（朔日）と15日がその日であった. これは本来, 月の満ち欠けと関係している. 新月と満月の日をその日としていたのである. そしてこれに加え, 盆暮れ正月をはじめ, 生業に伴う諸儀礼, あるいは節分・節供, 各種講行事, そして地域を挙げての祭りなど, 様々な行事日を織り込むことで, 年中行事の総体となしていた. それを担う範囲も家レベルから小集団や地域レベル, はては地域を越えた任意集団レベルなど, まさに多様である. こうした人々の関係性を血縁・地縁・社縁などともいう. さらに, 各種行事の中には臨時に行うものもある一方で, 先の1日15日など規定の日と重複する場合もあって, 簡単ではない. これらを読み解いていくことは, 地域の現況だけでなく, 当該社会の仕組みやその意思, ひいてはこだわり（伝統意識）や進取の気風を理解することにもなる.

c. 混在する新と旧の暦

　実生活の中には新旧の慣習が混在している. それは, 当然のこととして受け止められ, あるいは無意識のまま受容されもする. このことは暦日という観点からみても同様で

ある. 年中行事と暦は不可分の関係にあるが, まずは月日の定め方を異にする2つの暦法について知っておく必要があるだろう. 太陰太陽暦（陰陽暦）と太陽暦（陽暦）のことである. 一般に旧暦, 新暦などという.

　太陰太陽暦とは, 基本的に月の朔望周期をもって1か月と定め, 二十四節気にみる太陽の動向も取り入れて修正を図っていくという暦法である（表2.1）. 月の満ち欠けを基準としたことから, 7日頃には上弦の月, 15日頃には満月, そして23日頃には下弦の月というように, 夜ごとに変わる月の形で日にちが推し量られた. また, 満ち欠けと密接に関係する潮の干満が判断できるという利点もあった. しかしながら, 朔望の周期は約29.53日であるため, 1か月が30日になるとは限らない. 必ずズレが生じる. そこで大小の月や閏月を加えることで調整をとったのが太陰太陽暦なのである. 他方, 現行の太陽暦（グレゴリオ暦）は1年が約365.24日で, おおむね4年に一度, 閏年を設けて均衡を保っているのは, ご存知のとおりである.

表2.1　二十四節気にみる太陽の動き

夏至	1年で最も昼の時間が長く, 夜の時間が短い.
冬至	1年で最も昼の時間が短く, 夜の時間が長い.
春分	昼と夜の長さが同じ.
秋分	昼と夜の長さが同じ.

　我が国では, 暦は7世紀初頭に大陸より導入されたとされ, 爾来, 宮中行事や貴族間で用いられ, やがて武家や都市部へと波及していった. これが広く農山漁村部まで浸透し, 暦日に基づく行事を定常的に営むようになったのは江戸中期以降と考えられている. とりわけ伊勢の神人による伊勢暦と組み合わせた信仰の普及は, 各地に大きな影響を及ぼしていった. とともに, 流転する自然の粧いで時

節を読み取る旧来の知恵（自然暦）が，これと溶け合ったのはいうまでもない．かくして旧暦は逐次見直しを伴いつつ，正式の暦として明治5年（1872）まで利用されてきた．新政府は欧米列強にならい，明治5年12月3日をもって新暦の明治6年1月1日とすることとしたのである．これを明治改暦という．

　ここで注意を要するのは，新暦の採用が即，地域社会には馴染まなかったということである．少しずつ新暦に移行させつつも，現実的には戦後間もなくまで旧暦は全国各地で使われていた．数々の行事は従前からの生業のあり方と連動することが多く，ましてや尊い日でもあったからである．そのため，今日においても行事の日取りには，新暦によるもの，あるいは新暦・旧暦間ではおよそ1か月のズレが生じるため，月遅れといって，新暦上でひと月遅れとしたもの，そして古くからの旧暦に基づいて続けるもの，などが混在，同居しているということである．ことに南西諸島においては，およそ伝統行事は旧暦に基づいているので，気をつけられたい．

　加えてもう1つ，留意点として日にち的感覚と曜日的感覚についてふれておく．明治政府はその誕生とともに，当初は一六日（いちろくび）といって，1と6のつく日を公的機関の休日と定めたが，先の明治改暦以降，徐々に曜日感も根付きつつある中，結局のところ，やはり欧米に近似した土曜の午後と日曜の終日を新たな休日としたのである．これが明治9年（1876）のことだった．以後これは長らく続き，ようやく戦後の高度経済成長期を迎えて一部民間企業が週休2日制を導入し，やがて官公庁や教育現場が土日休としたのは平成になってからのことである．つまり，我が国の休日観念には紆余曲折があって，古くからの日にち休日に近代以降の曜日休日が被覆し，

さらに記念日をも包摂し，未だ錯綜のもとにあるというのが現状なのである．戦後このかた，時代のうねりの中で休み日＝神ごと観は確かに希薄化したが，今日的に想起されるそれは制度としての付与の休日であって，そもそもの休み日とは根が違う．このことは留意されたい．ちなみに，記念日といえば命日縁日をはじめ生誕死没に関わる日がもっぱらであったが，事物の始期終期にも援用され，昨今の風潮では単純な語呂合わせによる月日の設定もあってより混迷している．

　ともあれ，休日の取り方，過ごし方という視点は重要である．それが多様とあれば，すなわちそれが当該地域の社会性だといえる．休日とは，社会を映し出す鏡のようでもある．近年ではライフスタイルの変容とも相まって，祭礼日などを土・日曜日に移行する地域も多いが，その日取りの異動から生活様式の変遷を探ることも可能なのである．

d. 年中行事の仕組み

　1年の行事とは，どのような組み立てになっているのだろうか．

　1日という単位でみてみる．すると意外にも，夜分に行われている行事や祭りの少なくないことに気がつく．大晦日や節分，盆精霊の送迎，しかりである．これは本来，神霊は夜になって出現するとの観念があったからである．いわば神々の1日のはじまりは夕暮れからであり，したがってその交歓（祭祀）はおよそ夜中となった．青天白日，幽霊が出ないのは道理である．つまり，ここから当該行事が古態を留めているか否かの察しはつく．それでは，1か月単位ではどうだろう．これは先述のとおり，旧暦から新暦への移行に伴って，比較的15日前後を行事日とする例が多く，続いて7日前後，23日前後と続く．

いずれも満月や半月に由来したものと推察され，古くからの慣性が窺える．

多様な行事を1年単位で相互の関係性から読み取ってみる．概括すると，継承・循環する行事群と独立的行事群とに大別でき，後者はさらに，1年を両分し6か月を隔てて対置する行事群，ほぼ同内容で間歇的に繰り返される行事群，そして単独で存在している諸行事とに整理分類することができる．複雑な年間の行事をわかりやすくトータルに把握するには，このように捉えてみるとよい（**表2.2**）．

表2.2 年中行事の構成

継承・循環的行事群		農耕儀礼，春祭り・秋祭りなど
独立的行事群	対置的行事群	正月と盆，春秋の彼岸など
	間歇的行事群	講行事など
	単独行事	初午・節分，節供，十五夜など

継承・循環的行事群とは，ある行事が前の行事を受け継ぎ，さらに次の行事へ引き渡していくといった，連鎖性のある諸行事のことをいう．例えば，稲作儀礼にみる刈上げ（収穫）→田の神・年神祭り（種籾の温存）→水口祝い（播種）→さなぶり（田植え）→刈上げ…といったように，あたかもバトンをつないでいくかのように運用されるもので，通しで押さえてはじめて十全の理解が得られる．とりわけ枯死・再生を繰り返す稲魂（穀霊）の永続という，水稲耕作に係る行事（儀礼）に顕著である．

おしなべて年中行事を文化類型として捉えた場合，その根底には稲作を志向・指標とする文化（稲作文化）の累積がみられ，それは単に従事しているか否かといった即物的な文化体系ではない．これに係る文化要素は実に様々な場面において窺うことができるのである．稲作を淵源とした文化事象とは，必ずしも環境決定論や生業決定論では説明のつかないことを，まずもって理解すべきである．換言すれば，稲作という営みそのものは，およそ神ごと（神事）でもあったといってよく，生産的行為というよりは文化的行為といった方が近い．つまり，食糧生産という次元を超えて，生活全般を規定するような世界観をも構築してきたのであって，これが稲作をして象徴的生業といわしめる所以でもある．そして，こうした基層文化の存在が我が国の祭りのあり方にも大きく反映しているのである．

他方，対置的行事群とは，その構成上，1月と7月を始期として1年を二分するかのように相対している諸行事のことである．こうした特質を一年両分性という．とりわけ，祖霊の訪れとも深く関係する正月行事と盆行事に著しく，両者は期日のうえでも，行事内容や諸用具においてもシンメトリックである．いわずもがな，この時節の帰省の風は先祖祭祀に由縁する．仏由来のバカンス（長期休暇）とは違う．他には，春秋の彼岸や6月12月の晦日祓いなどもそうで，1年の前半を後半にもう一度，同様に繰り返すような構図となっている．

また，間歇的行事群とは，月を違えて定期的に繰り返される行事で，その内容はほぼ同様である．例えば月待ちや日待ちなど，信仰的講行事の多くはこれに含まれる．定期市などはこの延長線上にあるといってよい．付言すれば，これらは地域を細分したところの，紐帯の基本単位ともいえる村組や町内が担う場合も少なくないので，注意しておきたい．そして最後に，単独行事とは，他の行事とほとんど関連性を有しないものである．これには，例えば初午や節分，節供，十五夜などがある．とくに近年の傾向として，休日と否と

にかかわらず，クリスマスやハロウィンその他のような商業ベースに乗じた記念日的な単独行事も増えつつあるので，留意されたい．

　祭りや行事を理解するにあたり，画一や循環といった事象的特性は，重要なキーワードである．春夏秋冬をめぐる自然の摂理に則り，相互扶助のもと，神ごとに添いつつ日々送るという暮らしのあり方は，まさに画一的であり循環的であった．そして，その画一性は共同体としての共通感覚を養い，循環性はその継承・永続を培った．このような画一的循環性は，同じことを繰り返す，同様に試行する（様式）という文脈において，いわばそれ自体，そもそも属性としての伝統性を内包していたともいえる．とどのつまり，そこで育まれた価値観とは，途絶えることのない社会の希求でもあった．今日における年初更新の意識や加齢感，あるいは単年度発想もさらなり，そうした思考がいかなる方向性をもって持ち伝えられようとしているのかは，今後を描くという意味でも，絶えず注視すべきことである．

e. 様々な祭りのかたち

　祭りの語源はマツラウだという．マツラウとは古語で，服従や勤仕というような意味である．つまり，祭りとはお側にいて奉仕することであり，その本義とは感謝や祈り，慰撫のために神を迎え饗応し，一体となって多幸恍惚にあふれ，お帰りいただくことにあった．おもてなしが日本の文化だという原点はここにある．そして祭りの場合，この饗応では酒食のみならず，歌や踊りなどの技芸や競技をもって接遇することも多々あって，それがやがてここから離れ，専業特化していったものも少なくない．ちなみに，この場での神人共食のことは直会（なおらい）という．こうした日本の

祭りは，もちろん永らく稲作文化をバックボーンとしてきたことは改めていうまでもない．

　祭りは，四季に応じてみるとわかりやすい．まずは，その年の農事開始に先立って，春，山から里に神を迎えて豊作を祈る春祭り，そして秋，収穫を終えて神に感謝しつつ，再び里から山へとお送りする秋祭り．祭りは，こうした双方の連関で成り立っているとされており，実際，神社祭礼ではこの春・秋の祭りが圧倒的である．ただし，必ず両者とも地域を挙げて盛大にというわけではなく，いずれかを家や小集団レベルの行事としている場合も少なくないので，注意されたい．そして，春祭りでは無事そうなって欲しいと願う，そう感じ取りたいがために，先々の農事を模倣したものが多い．これを予祝儀礼（類感呪術）という．また，豊穣や多産を願うことから，その特徴として性的な要素を含むことも少なくない．対して，秋の方は収穫儀礼といい，感謝という前提から，より賑わすべく，諸々の奉納芸を伴うことが多い．

　そして，夏祭り．春秋のそれとは性格が異なり，内容としては除災や危機回避を祈念するものが大方である．例えば，自然の力とは対峙しえないような，疫病退散あるいは雨乞いや嵐除け，虫送りといったもの，加えて盆行事に由来，派生して祭礼化したものもある．つまり，先ほどの春＝秋の神の招来という基幹的な構図からは距離をおいており，そのため，社寺などがほとんど関与しないケースも珍しいことではない．都市部の祭り（都市祭礼）に夏祭礼が多いというのも，それが蓋然的な選択肢であったにせよ，このことと無関係ではなく，祀る対象も荒ぶる神（御霊）であることが多い．他方，冬の祭りというと，火焚きの行事などもあって皆無ではな

表2.3 祭りの仕組み

冬籠り	来る春に向け，忌籠りし，回復・再生を待ち望む． 様々な神々（自然神や祖霊神）の徘徊，ことほぎ．	起
春祭り	山から里に神を迎え，神が先ゆき幸いをもたらす． 予祝儀礼　豊作の祈り．農事を象徴的に模倣する．性的な要素もあり．	承
夏祭り	予測不能な旱魃や風雨，虫害，疫病などを回避し，暮らしの安泰を願う． 除災儀礼．特異性（都市祭礼）．あるいは盆行事由来のものなど．	転
秋祭り	その年の収穫を神に感謝しつつ，里から山に神を送る． 収穫儀礼．歌舞音曲の風．	結

いが，この時節は忌籠りのときでもあって，新たな年（歳）に向けての回復・再生，更新といった意味を持つものがほとんどである．繁忙な祭りというよりも，むしろ閉塞感のある粛々とした行事や儀礼というに相応しい．草木も枯渇した神不在のこの時季は，ゆらゆらと魑魅魍魎があたりを徘徊するときでもあった．

　折々の祭りは，起承転結と置き換えてみれば，耳に留めやすい．すなわち，先々に向けた充填期間中の冬籠り（起），そしてそれを受け，かくあれかしと願う春祭り（承），一転，猛暑や豪雨など，予断を許さない天候不良や体力の衰えを案ずる夏祭り（転），そうして，これまでの労いと実りを感謝する秋祭り（結）などである（**表2.3**）．

f. 変わりゆく祭りと行事─地域アイデンティティーを読む

　祭りを祭礼ということがある．このことについて，柳田國男の指摘はいち早い．氏子が参籠（お籠もり）して神をもてなす「祭り」から，信仰を共有しない人々も参拝する「祭礼」へと変化していったとする卓見である．つまり，自分たちによる自分たちのための，社会秩序の維持・持続を目的とした装置としての祭りは，ところによっては第三者（観客）の介入を許容していくことで，変質・変貌を遂げていった．祭礼は，見る×見られる

から，いよいよ見せる×見るという相関関係へと高じていったのである．そして，この晴れ舞台を構築していったのは，他ならぬ経済基盤を背景とした「都市文化の力」であったと言及している．

　こうした性格を持つマチ場の祭礼のことを都市祭礼という．都市祭礼は多くの人を集め，多くの酒食を消費した．お祭り騒ぎという物言いはここに端を発する．あるいは，人群れ集うところ，すなわち祭礼そのものをマチと呼ぶ地方もある．そして，このような祭りは，そもそも当地だけでは成り立たず，他者をも引き込む形，周辺地域との関係性を保持することで存続しえた．ゆえに，自ずと大規模化の傾向もみられる．付言すると，祭事のみならず，ここでは農具や刃物金物，植木や日用雑貨などの市が立つこともよくあるので，注意されたい．都市祭礼は，ヒト・モノ・カネが行き交う中，ときとして熱気を帯びた文化の力を発散させ，そのエネルギーは創意・趣向に転じられて，さらなる賑やかさや華やかさへと向かっていった．こうした気風や様相のことを風流という．しかしその反面，これらが強調されればされるほど，神ごと本来の意味はみえにくくなっていく．つまり，これが昨今の祭礼のあり方なのである．

　マチ（都）とはムラ（鄙）から発展した空間であって，もとよりムラの文化は持ち込まれているとする論説がある．こうした，ムラ

からマチへというつながりに目を向けた時系列的な関係論を都鄙連続論という．しかしながら，現代祭礼のあり方は何も人口密集地に限ったことではない．柳田が指摘した「祭礼」の形はスタンダードとなって，すでに全国各地で普遍的である．しかも，都市ならではの多様さや変化を受容し，それを活力としてきた社会的特質をも飲み込もうとする勢いである．ことによっては命を削るような暴飲すらみられる．このことは情報社会の到来と不可分の関係ではないだろう．地域を飛び越えた情報の交錯によって等質化がもたらされ，地域性が希薄化しつつある反面，逆に個性や独自性を標榜していかないと情報の波間に埋没してしまうという，イタチごっこのような社会なのである．もはや都市祭礼は「都会風の」ではなく，むしろ「現代風の」と読み換えられてしかるべきである．かくして昨今，細やかな自然の移ろいで季節を感じることさえ，すでに怪しい．

　祭りは，非日常的な時空間で展開される．地域の人々がこぞって参加し，協力し合い，共感しつつ発散し，しかも繰り返されていくのが祭りの常である．ところによっては自らがそれ相応の身銭を切るような精神風土を抱えていることもある．あるいは，そこに懸ける熱き思いを燃焼しようとする，その入れ込みようを肌で感じることさえある．こうした社会的機能を有する祭りは，人々の感情や記憶を塗り込める，心の拠り所ともなりえ，地域を物語る象徴的な文化事象として捉えられておかしくない．つまり，祭りは往々にして地域アイデンティティーと強く結びつく．もちろんこれは，地域が地域であることの所以，証しであり，その存在があればこその当該地域であるという意味である．このことは，観光というに留まらず，まちづくりという命

題においても，極めて重要な眼差しである．

2.4　暦の視覚化

a.　暦を調べる

　以上,「暦」を意識した地域資源の捉え方に触れてきたが，これらに関する情報を収集する際には，フィールドを自分の目で確かめること（現地踏査），既存の資料類を活用して確かめること（文献調査），対話を通して確かめること（ヒアリング調査）を組み合わせ，複眼的にアプローチすることとなる．

　まずは現地を踏査して自分の目で確かめることが基本かつ重要だが，物理的な制約や時間的な限界もある．とくに一年単位の周期性を観察・観測して情報を蓄積するには複数年にわたる調査が必要になることも考えられる．したがって自然史系・民俗学系博物館，図書館などの施設の活用や，学術論文，専門誌記事，郷土史その他文献などの既存資料や研究成果の活用が効率的・効果的である．地域について様々な側面から研究を行っている研究者や教員などとの連携（人的ネットワークの構築）も視野に入れておきたい．

　また，こうした地域の個性につながる要素が年を追って姿を消しつつあることも多い．過去の情報が資料などに記載されていない場合は住民へのヒアリングを行い，暗黙知にもアプローチすることが大きな意味を持つ．こうしたヒアリング調査を通した地域住民とのコミュニケーションは，暦に関する情報に限らず，地域の実情を知るうえで有用な情報を得ることにもつながる．

b.　暦を視覚化する

　暦に関連する地域資源の情報を整理する一

般的手法としてリスト化することがあげられるが, 情報を関係者の間で共有するためにはマップ化やカレンダー化することが効果的であり, 目的に応じて使い分けることが重要である（図2.8, 詳細は第9章を参照のこと）.

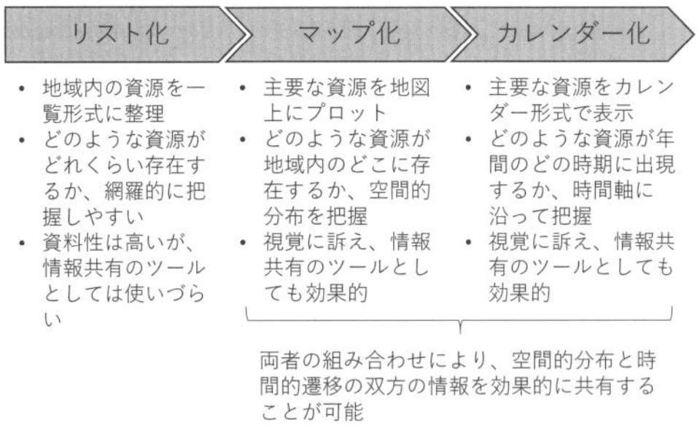

リスト化	マップ化	カレンダー化
・地域内の資源を一覧形式に整理 ・どのような資源がどれくらい存在するか, 網羅的に把握しやすい ・資料性は高いが, 情報共有のツールとしては使いづらい	・主要な資源を地図上にプロット ・どのような資源が地域内のどこに存在するか, 空間的分布を把握 ・視覚に訴え, 情報共有のツールとしても効果的	・主要な資源をカレンダー形式で表示 ・どのような資源が年間のどの時期に出現するか, 時間軸に沿って把握 ・視覚に訴え, 情報共有のツールとしても効果的

両者の組み合わせにより、空間的分布と時間的遷移の双方の情報を効果的に共有することが可能

図2.8 地域資源の情報を視覚化する手法

c. 暦から地域の個性を読む

ここまでみてきたとおり, 気象や生物相をはじめとする自然環境の四季の移ろいがあり, さらには自然環境の制約を受けつつ成立した人々の暮らしと文化も季節に応じた周期性をみせる. その構成要素と時間軸の組合せで表現される暦は地域に固有のものであり, 極めて多様な姿をみせる. これをカレンダー形式に表現したのがフェノロジーカレンダーである（図2.9）.

フェノロジーカレンダーは地域住民が地域の個性に対する認識を共有するためのツールであると同時に, 来訪者に対しては季節ごとの地域の魅力を示す観光情報ツールとしても機能する.

文 献

NPO法人自然観察大学（2017）『季節の生きもの観察手帖 自然を楽しむ二十四節季・七十二候』, 全国農村教育協会

湯本貴和 編（2011）『日本列島の三万五千年—人と自然の環境史 環境史とは何か』, 文一総合出版

井上典子, 染井順一郎（2013）『食と景観の地域づくり』, 学芸出版社

丹治朋子（2019）フードツーリズム, 白坂蕃ほか『観光の事典』所収, 朝倉書店

石川 統 他編（2010）『生物学辞典』, 東京化学同人

真板昭夫, 比田井和子, 高梨洋一郎（2010）『宝探しから持続可能な地域づくりへ 日本型エコツーリズムとはなにか』, 学芸出版社

日本エコツーリズム協会 フェノロジーカレンダー研究会（2018）『地域おこしに役立つ！みんなでつくるフェノロジーカレンダー』, 旬報社

柳田國男（2013）『日本の祭』, 角川ソフィア文庫（初出1942）

文化庁民俗文化財研究会 編（1979）『民俗文化財の手引き—調査・収集・保存・活用のために—』, 第一法規出版

宮田 登 他編（1984）『暦と祭事—日本人の季節感覚—（日本民俗文化体系9）』, 小学館

上野和男 他編（1987）『新版民俗調査ハンドブック』, 吉川弘文館

田中宣一（1992）『年中行事の研究』, 桜楓社

安室 知（2012）『日本民俗生業論』, 慶友社

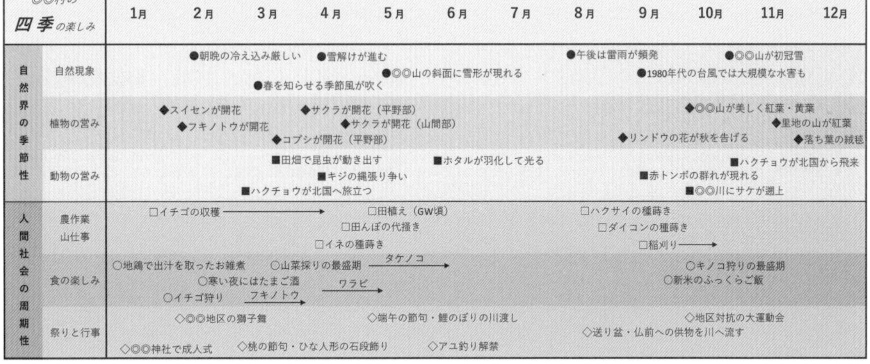

図2.9 フェノロジーカレンダーの作成イメージ

第3章　地域の空間構造を知る

児玉千絵

本章では地域を理解するための作業のベースとして，物理的環境に着目した地域の空間構造の見方・調べ方を案内する．

なお，姉妹書『まちの見方・調べ方』「第1部 事実を知る」第1〜5章にも，まちの歴史，地形，空間，生活，計画・事業の履歴という観点から地域の空間構造を読み解くために必要な基礎知識が記されている．さらに同書「第2部 現場に立つ・考える」第6章では，第1部の資料調査を補う現地調査に関して，初学者向けの易しい解説がある．本章で重複して述べる事項もあるが，初学者は積極的に姉妹書の各章を参照してほしい．

3.1　地域空間・地域環境の認識

いざ観光まちづくりに取り組もうという読者には，まず自身が想定する「地域」が具体的にどこを示すのか，考えてもらいたい．

「地域」はある一定の空間の広がりを示す言葉である．しかしその広がりの大きさは，徒歩圏内の身近な空間（neighborhood）を示すときもあれば，行政区や国をもまたがる広範な空間（area, region）を示すときもある．また，行政圏，生活圏，商業圏，文化圏

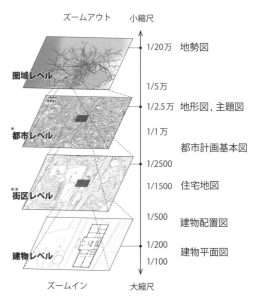

図 3.1　地域の空間構造を捉える様々なスケール
[出典：国土地理院電子地形図（タイル）*および横浜市地形図（都市計画基本法）7新石川**を加工して作成]

というように，様々な観点から複数抽出されうる．例えば，「東京」という呼称で，多摩地域や島嶼部も含めた東京都の全範囲を示すのか，ビルが立ち並ぶビジネス街を示すのか，あるいは近隣県の一部まで含む首都圏中心部を示すのかなど，「東京」という地域名が指す空間の範囲は，必ずしも一意に定まらない．むしろ，そうした様々な地域イメージの重なりの上に，東京という地域が成り立っているともいえるだろう．

観光まちづくりのように人々の往来や来訪者の存在を考慮する場合，市町村や町丁目などの形式的な境界で対象空間をあらかじめ限定するのはあまり得策ではない．固有の特徴を持った物理的環境や，そうした環境の上に蓄積された歴史・文化・社会的背景の重なり合う範囲を，改めて「地域」として捉え直す視点が重要である．地域の空間構造を知るということは，そうした地域らしさを規定している物理的環境の成り立ちや特徴を把握するということであるといえる．

もし温泉街や商店街，特定の市町村など，すでに決められた範囲を対象に観光まちづくりに取り組む場合でも，その地域の空間構造を深く知るためには，より広く対象地周辺を含むようズームアウトした視点や，より重要性の高い一部の範囲にズームインした視点での分析作業が欠かせない（図3.1）．臆することなく，大小様々なスケールで地域をみてもらいたい．

3.2　かたちに着目する—イメージと物理的形態

a. 5つのエレメントとイメージマップ

イメージマップを作成し地域環境の物理的形態を記述することは，地域の空間構造を知るための基礎的な手段である．

現実の空間は複雑かつ広大で，私たちが実際にその空間を隅々まで目にすることは少ない．しかし，間接的に見聞きしたり，近くを通ったりすることで，自ずと地域の全体的な環境のイメージを心の中に構築していくものである．K.リンチは，イメージマップの作成を通して，人々がまちにどのようなイメージを持っているかを明らかにする方法を提示している（図3.2，3.3）．リンチは，イメージマップに出現する

- ・パス（path）
- ・エッジ（edge）
- ・ディストリクト（district）
- ・ノード（node）
- ・ランドマーク（landmark）

という環境のイメージを構成する5タイプの物理的形態を「エレメント（要素）」と呼び，こうした形態が地域環境のアイデンティティやストラクチャー（構造）に強く関係していると唱えた．地域の空間構造を知る第一歩として，リンチに従い地域のイメージマップを描くことで，地域の骨格をダイヤグラムのように浮かび上がらせることができるだろう．

1. パス path（道路）
例：「街路，散歩道，運送路，運河，鉄道など」
「日ごろあるいは時々通る，もしくは通る可能性のある道筋」
「パスにそってその他のエレメントが配置され，関連づけられている」

2. エッジ edge（縁）
例：「海岸，鉄道線路の切通し，開発地の縁，壁など」
「パスとしては用いない，あるいはパスとはみなさない，線状のエレメント」
「2つの局面の間にある境界であり，連続状態を中断する線状のもの」
「漠然とした地域をひとつにまとめる役割を果たす」

3. ディストリクト district（地域）
例：「商店街，銀行街，市場街」，都市の「中心部」など
「中から大の大きさをもつ都市の部分であり，2次元の広がりをもつもの」
「観察者は心の中で"その中に"はいるもの」
「何か独自な特徴がその内部の各所に共通して見られるために認識されるもの」

4. ノード node（接合点，集中点）
例：「広場，ロータリー，駅」，（巨視的には）街の「中心部全体」や「ひとつの都市」など
「都市内部にある主要な地点」「そこへ向かったり，そこから出発したりする強い焦点」
概念的には「都市のイメージに含まれる小さな点にすぎない」が物理的には大小様々
接合点として：「交通が調子を変える地点」「道路の交差点ないし集合点」など
集中点として：「町かどの寄り合い所」「囲われた広場」など「なんらかの用途または物理的な性格がそこに凝縮されているために，重要性をもつ」点
「パスの集合点」であったり，ディストリクトの中の重要な「焦点」「コア（核）」となったりする

5. ランドマーク landmark（目印）
例：「建物，看板，商店，山など」
「中にははいらず，外部から見る」
「孤立して立っている塔，金色の円屋根，大きな丘など」の遠くにあり方位を示すもの
「看板，商店の正面，樹木，ドアのとっ手，その他の都市のディテール」などの「限られた場所」や「特定の方向から近づく時」のみ見える局地的なもの

図3.2　空間のイメージを構成する物理的形態の5つのエレメント
［出典：ケヴィン・リンチ著 丹下健三・富田玲子訳（2007）：都市のイメージ 新装版，岩波書店］

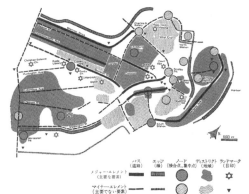

図 3.3　ボストンの航空写真と5つのエレメントで表現されたボストンのイメージマップ
[出典：ケヴィン・リンチ著 丹下健三・富田玲子訳（2007）：都市のイメージ 新装版, 岩波書店]

表 3.1　イメージマップ作成時に使用できる質問の例（リンチ, 2007 を元に筆者作成）

印象を尋ねる	"○○（地域の名称）"と聞いて，心に何が浮かびますか？ あなたにとってその場所を象徴するものは何かありますか？	
地図を描かせる	初めてこのまちを訪れた人に急に説明を求められたと仮定して，○○の中心部について主な特徴を全て含めた簡単な地図を描いてください．→地図が描かれる順序を記録する． ○○の中で特徴的な部分はどこだと思いますか．その正確な場所／境界はどのように説明できますか？それはあなたが描いた地図のどこにあたりますか？	
ルートに沿って説明を求める	あなたが毎日○○へ通うルートについて，○○から△△へ歩いて行く場合について，○○から□□へ自動車で行く場合について，	今まさにそのルートを通っていると仮定して，目に見えるもの，聞こえるものなどの順序や，道標になるものなどを説明してください．

b. イメージマップの作成

　イメージマップは，5つのエレメントを知る者が徒歩による現地調査を行って直接描いたり，あるいは現地を知る複数の協力者にワークショップやインタビューを実施しながら描いてもらったものを，1枚のマップに統合したりすることで作成できる（表3.1）．

　協力者にイメージマップを描いてもらう際に録音・録画などを行うと，描き上がったイメージマップそのものだけでなく，描かれた際の順番や，口頭説明する際に使用される地名・建物名・風景描写などの出現頻度も分析することができる．これらは，各エレメントの強弱や認知度の高さ，地図上には現れない重要な空間認知の形式（口語での表現，方向感覚，遠近感，遠方の眺望，ウチ・ソト，あ

ちら・こちらの区別など）について知る手がかりとなる．また，想定よりも広い範囲や狭い範囲に言及されるエレメントが多数出現した場合には，地域の全体的な捉え方やスケールを見直すヒントになるだろう．

　インタビュー調査の実施にあたって，回答する協力者の年齢・職業や，対象地周辺の来訪回数などによってイメージマップに大きな違いが出ることも念頭においておこう．こうした違いも想定し，入念な調査設計を行うとよい．

c. イメージマップの活用

　観光まちづくりにおいてイメージマップを作成することの意義は，単に空間構造を知るということに留まらない．もう一歩踏み込ん

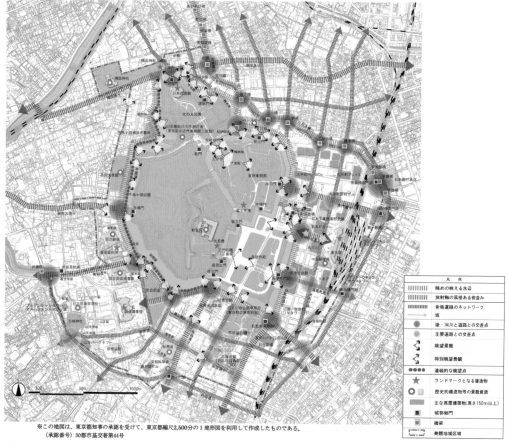

図3.4 パス，ノード，エッジ，ランドマーク等の5つのエレメントを意識した計画図の例
[出典：千代田区環境まちづくり部景観・都市計画課，千代田区景観まちづくり計画 令和2年3月，2020]

で観光まちづくりの次の分析を進めるための材料とすることもできる．例えば，生活者や来訪者による空間認知の相違点の洗い出しや，資源的な価値が高いものの印象に残りづらい場所の特定，あるいはその認知度をさらに高める施策・計画の検討などである．

また，5つのエレメントを用いて，分析だけでなく，具体的なまちづくり施策を図示したり，体系的に整理したりすることもできる（図3.4）．例えば，主要な地域資源に向かう道を重要なパスとしてイメージ強化するには，道の舗装を統一したり，道そのものに印象的な名付けをしたりといった施策が有効である．他にも，河川というエッジを人が通れるパスにするため川沿いに遊歩道を整備する，ランドマークを眺める視点場や眺望軸を形成することでランドマークの認知度を高める，といったことも考えられる．5つのエレメントを意識してまちづくり施策や取り組みを体系的に整理すると，優先順位や代替手段を考える手がかりが得られるだろう．

3.3 なりたちに着目する─地域のレイヤーと変遷

過去に遡って地域の物理的環境がどのように形成されてきたのか，その歴史的変遷を知るということも，地域の空間構造を知る重要

な手段である．過去に遡ると，より原始的な状態から地域の立地や発展過程を追うことができる．

　加えて，地域環境を構成している河川や緑地，道路や鉄道，建築物や公共施設などの様々な空間要素を個別に抽出し，各要素のレイヤー（層）に分けて歴史的変遷を追うと，わかりやすく地域の変化を捉えることができる（図3.5）．複雑な環境をレイヤーに分けて分析する手法はI.マクハーグが提唱したものであり，観光まちづくりのために地域の空間構造を理解するうえでも有用である．作業は個別のレイヤーごとに行うが，必要に応じて複数のレイヤーを重ね合わせることで地域の空間のなりたちをより詳細に分析することができる．具体的な手順は，

　　　・地図資料収集とベースマップの設定
　　　・レイヤーごとの空間要素のトレース
　　　・複数のレイヤーを重ねた分析

と進める．

　ベースマップは，対象地が含まれるA1〜A4判用紙程度の適当なサイズの地図である．

発行年は，現在のまちと大きな違いがない比較的新しいものが望ましい．ベースマップと同じ縮尺・収録範囲の古い地図資料を複数年収集する必要があるため，一般的には2.5万分の1地形図を利用するとよい．しかし，対象地の大きさや古い地図資料の入手可否，分析の目的によって，5万分の1や1万分の1〜2,500分の1程度の地図や，地形図以外の住宅地図などを用いてもよい（図3.1）．また，複数のベースマップを異なる縮尺で用意してもよいだろう．いずれにしても，ベースマップを基準に，対象地を含む複数年代の同縮尺の地図資料を収集する．

　次に，変遷を追う空間要素を1つ定め，最も古い地図資料にトレーシングペーパーを重ねて，彩色などを行いながら当該空間要素のみをトレーシングペーパーに透かして写す作業（トレース）を行う．トレースの際には，トレーシングペーパーの空白部分に

　　　・トレース元の地図資料名，発行年
　　　・方位，縮尺
　　　・写した空間要素（河川，道路など）

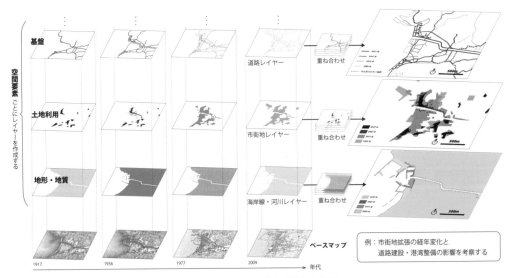

図3.5　レイヤー分析の進め方の例
（出典：国土地理院発行2.5万分の1地形図を加工して作成）

・重ね合わせに使用する目印3〜4箇所を記入しておく．目印は，他の年代の地図資料上でも確認でき，現在まで位置が変わらないもの（地形図の図郭や三角点，古い道路の交差点，橋など）がよいだろう．

最も古い地図資料でのトレースが完了したら，他の年代の地図資料でも同じように当該空間要素だけを抽出してトレースする．最も新しい地図資料（あるいはベースマップ）のトレースまで終えたら，全てのトレーシングペーパーの目印を揃えて重ねる．年代ごとの経年変化を確認できたら，当該レイヤーでの作業は完了である．

以上のトレース作業を他の空間要素についても行って，いくつかのレイヤーを作成し，複数のレイヤーを重ねてみる．例えば，鉄道のレイヤーと市街地のレイヤーを重ね合わせると，鉄道敷設が市街地拡張に与えた影響を時系列的に考察でき，地域の空間構造をより深く理解できるだろう．これは一例に過ぎないが，他にも代表的なレイヤー分けや重ね合わせの例を，以下順に挙げる．

a. 地形・地質

地形・地質を知ることは，

・その土地に適した植生や生態系

・災害履歴

・都市化以前の生活用水の確保手段

・定住人口の分布

・地理的に有利な産業の変遷や盛衰

・地域内外の移動手段や交流の接点

といった分析に必要不可欠である．どのようなレイヤーと重ねるとしても，地形・地質に関するレイヤーの抽出は必須だろう．具体的な調べ方や使える地図資料などの詳細は，第1章を参照すること．

なお，地図上で一見してわかりづらい複雑な起伏のある地形の理解には，国土地理院地図（電子国土web）のウェブ地図サービスによる3Dモデルの作成が便利である（図3.6）．また，対象地でどのような地質が重要な意味を持つか，なぜそのような起伏が形成されたのか，今後どのような地理的変動が起こりうるのかについては，地方地質誌や，地理学巡検の地学ガイドなどの書籍を参照するとよい．

具体的なレイヤーとしては，水路・河川，傾斜地，等高線，水涯線，崖線や段丘面，自然堤防，低湿地，埋立地のほかに，災害の被災範囲などを含んで抽出することが多いだろう．

b. 土地利用

土地利用は，地形の上に人間の営みがどのように展開され，地域環境が形成されてきたのかを知る基礎的な資料である．地形・地質を理解したうえで，目にみえる土地利用がどのような変遷を辿ってきたかを把握するのが，地域の空間構造を知るための次の段階である．

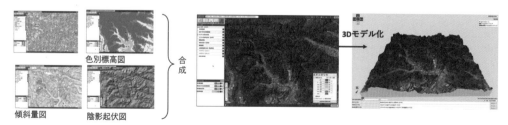

図3.6 地理院地図（電子国土web）を利用した3Dモデルによる地形表現の例

使用する地図資料のうち，主に地形図については，第1章を参照すること．界隈や街区など，より狭い範囲を大縮尺で調べるときは，住宅地図などを使用し詳細な建物用途や店舗・施設立地，方角に対する建物の向きや空地の取り方などの経年変化を追うのもよいだろう．

土地利用の分類・種別には様々な考え方があるが，ここでは

・居住域
・生産・加工・流通域
・保全域
・その他

この4つについて，抽出できる空間要素と土地利用の関連を順に概説する．いずれの土地利用も，その場所と他の場所とのつながりの中で成立している．対象地域が他地域との間にどのような関係性を持ち，どのような人・モノの往来があってその土地利用が発生し，現在にまで至ったのかという考察は，観光まちづくりを進めるための本質的な理解にもつながる．トレース作業を行いながら，特徴的な土地利用の分布や変遷を分析しよう．

1）居住域

集落や住宅地，業務中心などの夜間人口・昼間人口がみられる市街地を空間要素として抽出できる．市街地内に立地する公共施設も空間要素として抽出しやすい．

都市域として密度の高い空間であるかどうかについては地図資料だけではわかりづらい．国勢調査の人口集中地区（Densely Inhabited District; DID）も合わせて確認するとよい．DIDについては第5章を参照すること．

他のレイヤーとの重ね合わせでは，居住域の広がりと災害履歴を地形・地質と重ねて考察することも，地域の空間構造を読み解くう

えで重要な作業である．災害履歴は，自治体が発行するハザードマップや国土交通省発行の災害履歴図などで確認できる他，地形図上で自然災害伝承碑の位置を手掛かりに知ることもできる．

2）生産・加工・流通域

農業や林業，漁業などの第1次産業から，製造業，運輸業，販売業にいたる第2～3次産業まで，様々な土地利用が該当する．具体的な空間要素としては，田畑，果樹園，山林，漁港，工場，倉庫，商業店舗などが抽出できるだろう．地域の産業特性に応じて，抽出すべき業種の土地利用や施設などを絞り込んでレイヤーを作成すること．地図だけでは判別が難しい場合，市町村史や年表も参照するとよい．

他レイヤーとの重ね合わせでは，地形・地質で特定した当該産業に有利な条件が，この土地利用にどのように現れているかに着目することで，地域の構造がみえてくるだろう．各産業に現れる土地利用の拡大・縮小の時期や，その土地利用転換の傾向などに関して他地域との相違点を考察しながら変遷を追うことが望ましい．

また，産業によっては面的な広がりだけではなく，貯蔵・加工施設のような点的な施設の有無が周辺の土地利用を決定付けることもある．単純に地図上の土地利用を追うだけでなく，そうした産業ごとのシステムを知ったうえで重要施設の立地も合わせて分析することが望ましい．

3）保全域

建物などがない非建ぺい地のうち，上記2）のような産業などに使用されてこなかった空地・緑地などを，ひとまず保全域として捉える．これらは意識的に保全されてきたものもあれば，開発には条件不利な土地として

結果的に開発されなかったものも含まれるだろう.

　過去の保全域がどのような土地利用に転換されてきたか, またその時期はいつ頃かといった視点で保全域の変遷を追うと, その地域の土地利用の特徴がつかみやすい. 具体的な空間要素としては, 森林や荒地, 湿地, 湖沼などが抽出できる. これらが実際に現在保全の対象となっているかどうかは, 第7章の各種計画などを参照すること.

4) その他

　地域によっては行楽地や宗教関連施設, 軍事施設などを中心として立地・発展した性質が強く現れている場合もある.

　いずれも居住域, 生産域, 保全域などと重複する場合がほとんどであるが, 門前町や寺内町など, 独特な文脈を背景に持つ地域の場合は, 寺社などの地域の中心的な拠点に着目して周辺の土地利用の変遷を追った方がより明確に地域の空間構造がみえることもある. 例えば, 空間要素として寺社仏閣や景勝地, 練兵場などの軍用地, 旧司令部などを抽出できるだろう.

　過去の軍事施設に関しては, 純粋に地政学的な観点から立地し, 現在の地域のあり方とは関連がないようにも思われるかもしれない. しかし, 地形・地質や, 周辺地域との関係性をふまえた地域の特徴が反映されていたり, 一時的にでも軍事施設が立地したことで都市的土地利用が一気に加速した歴史を持っていたりする場合もあるため, 必要に応じて着目するとよいだろう.

c. 基盤

　ここでいう基盤とは, インフラストラクチャーのことである. ここまで述べたような土地利用が一定以上の規模で維持・拡大する

には, 何らかの基盤を持つ必要がある. その意味で, 基盤に着目すると, 空間構造を読み解くための骨格がみえるといえるだろう.

　基盤は, その機能を適切に維持する社会組織の形成とも強く関連するものである. 地域の土地利用を支える基盤が, どのような経緯で整備され, 現在に至るまでいかに維持されているか, また将来の維持管理に課題がないかなど, 観光まちづくりを通して地域のあり方を考える際, 基盤の変遷に着目する意義は大きい. 以下,

- ・運輸・交通
- ・供給・処理
- ・防災・公共空地

この3つについてレイヤー作成の観点を述べる.

1) 輸送・交通

　輸送・交通, 情報通信のインフラとして, 古くは五街道整備や西廻り・東廻り航路の舟運網などに代表されるような陸の道と海の道が, 物流・人流・情報通信の大動脈として存在していた. これらのネットワークに沿って各地に宿駅や港・湊, 河岸などの結節点が整備され, 各地域はそのネットワークのつながりによって成立してきた. 現在では, こうした古くからの道路や水路・港湾施設の機能強化・更新に加え, 鉄道や航空などの新たな交通手段も現れ, その結節点となる駅や空港は現代都市の重要なインフラとなっている. これらを空間要素として抽出しレイヤーを作成すると, 対象地域が他の地域とどのようにつながってきたか, また現在どのような課題があるかを考察できるだろう.

　とくに, 道路は空間要素として欠かさずに抽出したい. 道路ネットワークの変遷を追ううえで, 橋梁や隧道などの完成に着目すると, 地域の空間構造が大きく転換した画期を

迴れる可能性がある．広域的には，高速道路網に地域がどのように接続してきたかも重要な観点である．道路ネットワークの変遷を，土地利用の変遷と合わせて調べることで，土地利用の変化と基盤整備の関係をひもとくことができる．

より狭い範囲での地域の輸送・交通について考える際には，地域内の公共交通網や駐車・駐輪施設，歩行者空間やバリアフリー設備などを空間要素として抽出するとよいだろう．

2）供給・処理

土地利用が高度化し多くの人が集まって密度高く暮らすようになると，物資の輸送や人の交通だけでなく，水やエネルギーの大量供給の手段と，適切な廃棄・処理の仕組みが必要となる．このレイヤーに含まれる具体的な空間要素としては，古いものでは湧水や井戸，発電ダムや用水路などがあり，新しいものでは上下水道や電気・ガス網，発電施設，ゴミ収集・焼却施設などのインフラがある．

現代都市では上下水道や電気・ガス網，ゴミ収集・焼却施設が整備されているのは当たり前のように感じられるが，地域によっては急激な来訪者の増加により，こうした基本的なインフラが整っていない場合や，逆に来訪者の急減により過大な規模の設備を有しているような場合もある．

また，過去には湧水などの良質な水源の有無や薪などのエネルギー源の入手可否が，居住域や産業域の立地を規定し，個性豊かな生活文化を育んできたケースもあれば，計画的に産業を発展させるため先導的にインフラを整備した例もある．各地域の郷土資料や開発・計画図書なども参照して，供給・処理基盤の整備経緯や現状をレイヤーとして整理し，観光まちづくりの将来構想に過不足のないインフラが整っているかを確認するとよいだろう．

3）防災・公共空地

地形・地質をもとに災害履歴を確認すると，居住域や産業域はその地域の災害と折り合いをつけながら立地してきたことがわかる．防災インフラは，近代的な技術で災害による被害発生を抑制し，土地利用を広げてきた．防災インフラの有無によって，その背後の土地利用は大きく変わるため，防災・公共空地のレイヤーと土地利用のレイヤーを重ねて分析すると地域の構造がよくみえるだろう．

具体的な空間要素としては，防潮堤や河川堤防，堰堤，雨水貯留施設など，水害に関わるものから，土留めや擁壁など土構造物の整備・補強などもこれにあたる．

また，密度の高い市街地の中に空地を確保する公園や広場などの公共空地は，環境衛生を保ったり，災害発生時の緩衝帯および避難場所を提供したりといった役割がある．こうした空地を空間要素として抽出したレイヤーを作成すれば，地域ごとの過不足や偏りを明らかにすることができるだろう．

文　献

ケヴィン・リンチ 著，丹下健三，富田玲子訳（2007）『都市のイメージ 新装版』，岩波書店

イアン・L・マクハーグ 著，下河辺淳，川瀬篤美 総括監訳（1994）『デザイン・ウィズ・ネーチャー』，集文社

第4章　地域の社会構成とつながりを知る

嵩　和雄・清野　隆

地域は様々な立場の人々が暮らす場であり，様々な集団や組織によって構成されている．人々は複数の社会集団に帰属し，多様な主体が参加連携することで地域社会を支え，地域資源を保存し，地域経済を動かしている．さらに近年，域外からの来訪者との関係構築は地域の持続可能性を高めるとされている．

本章では，地域の社会経済が多様な主体や活動から構成されることを定量的に把握する方法から，観光まちづくりに関わる人々や組織，活動を定性的に把握し，分析する方法について説明する．

4.1　地域の多層・多様な社会構成を知る

a. 多層に区分される地域社会

地域という言葉は，文脈によって様々な規模や範囲を意味する．観光まちづくりは，様々な規模や範囲で展開するため，多様な規模や区分によって地域を捉える必要がある．

まず，基礎自治体と呼ばれる市町村を最も基本的な単位として捉えることができる．政策や計画，各種公共サービス・事業など，行財政を担う単位であり，人口や世帯数，産業や経済などの社会経済に関する数値は市町村単位で整理されている．後述するように，基礎自治体のHPには，各自治体の様々な情報が公開されている．

市町村より小さな単位に町丁や字（農村部では集落とも呼ばれる）がある．国勢調査など基本的な統計調査は，町丁や字別に集計されている．また，町丁や字は，後述する地縁型の組織を構成する単位でもある．町丁や字，または集落単位で地域を捉えることで，地域の特性をより正確，かつ詳細に把握できる．

以上を基本としつつ，留意すべき点が2つある．近代以降に基礎自治体の合併や再編が繰り返されてきた我が国では，市町村の成り立ちや履歴を把握して，旧市町村単位で地域を捉える必要がある．現在の市町村は，いわゆる平成の大合併（1999年から2010年まで）によって生まれた基礎自治体であり，少なくとも平成の大合併前の旧市町村単位で地域を捉えたい．地域固有の伝統や生活文化，産業は，合併前の市町村別に異なる特性を持つことが多い．旧市町村の単位は○○地域や○○地区と呼称されている．

また，観光行動は自治体の範囲とは無関係に展開する．そのため，基礎自治体間の連携

や都道府県との連携が必要とされている．地域の範囲は観光などの実態に即して柔軟に捉えることも大切である．

b．地域社会を構成する人々

地域社会はそこに居住している人（居住者）や働いている人や事業者から構成される．居住者数は定住人口と呼ばれ，地域の規模を示す指標の一つである．居住者や事業者は地域の生活や産業を営み，支え合う存在である．居住者は多様な世代から構成され，事業者は多様な業種から構成されていると，地域社会は持続可能な状態にあるといえよう．居住者の減少により，世代構成に偏りが生じ，業種の多様性が損なわれると，地域の居住性や利便性は低くなってしまう．

c．地域外とのつながり

他方，人口が減少している地域では，地域外に居住する人々との交流や関係を構築することが重要とされている．観光はこのような交流・関係を構築するきっかけをつくり，域内外の人々による観光まちづくりに貢献する．したがって，地域内の組織と取り組みと

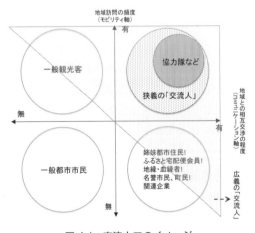

図 4.1　交流人口のイメージ
[「地域間交流活性化の課題と方法」21世紀ひょうご創造協会　1993　より]

域外とのつながりを把握したい．

とくに都市交流の促進によって異種の価値観や文化との接触が生まれ，地域特性の再認識による地域活性化が起こるという，交流による地域活性化と，それらの人々を総称して「交流人口」と位置付ける動きが起こり，各種政策としての交流事業が行われるようになった結果，その指標としての交流人口が提唱された（図4.1）．

1993年，兵庫県では「地域を訪れる訪れないにかかわらず，経済的，文化的，情報的その他の面において地域社会との相互交渉を持つ人」と交流人口を定義付けている他，一般観光客や地域を訪問しなくても，都市部で活躍する出身者や名誉町民，特産品の愛好者など様々な影響力を持つ人々を広義の交流人口として位置付けている．

このように，政策化した「交流」の指標としての交流人口を把握するものとして，観光入込客数がある．多くの自治体では，この観光入込客数＝交流人口数としてカウントしているが，その結果，当初の相互交渉を持つという「交流」の部分が見失われていき，交流人が単なる観光客として矮小化されていったと考えられる．

一方，本来多義的であった交流人口に代わるものとして，「関係人口」という言葉も出てきた．総務省の定義によると「関係人口とは，移住した「定住人口」でもなく，観光に来た「交流人口」でもない，地域の人々と多様に関わる人々」としている（図4.2）．その名が表すとおりその地域に「関わりを持つ人」の数である．日本全体の人口が減る中で，奪い合いにならない「人口」として，従来の「交流人口」を再定義する形で地方自治体の関係人口づくりに取り組みはじめている．

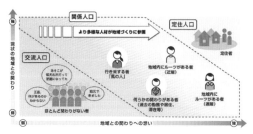

図 4.2　関係人口とは

[出典：総務省 HP・地域への新しい入り口　関係人口ポータルサイト　https://www.soumu.go.jp/kankeijinkou/about/index.html（2021 年 10 月 15 日閲覧）]

関係人口は政策用語として，地方部に対して「関心」を持ち，積極的に「関与」する都市住民の数という位置付けになっている.

表 4.1　地域の特性を把握できる統計調査

	テーマ	主な統計調査
人口	市町村／町丁・字単位の人口	国勢調査
	性別・年代別人口	住民基本台帳
	世帯構成	将来推計人口・世帯数調査
産業	1次産業（農業，漁業, 林業）	農林業センサス
	2次産業（工業・製造業）	漁業センサス
	3次産業（商業）	経済センサス
家計	家計	家計調査
	労働力・就労・就業	労働力調査
		就業構造基本調査
経済	生産・消費構造	産業連関表
		県民経済計算

かになる.

4.2　統計調査で地域社会を捉える

調査・分析する地域の範囲を特定できたら，まず既存の統計調査を利用して，地域社会の規模や構成，産業や経済の規模や特性を定量的に把握する．公的な調査に基づくデータを参照することで，人口，世帯数，各種産業の従事者数・経営体数や生産・消費額など，地域の社会構成や経済構造を把握できる（表4.1）．さらに，過去のデータとの比較，複数地域との比較によって地域の特性が明ら

a. 人口・世帯数

基礎自治体は，住民基本台帳や国勢調査に基づいて，人口や世帯数を定期的に自治体 HP で公表している（表4.2）．男女別や世代別の人口，地区・地域別や町丁目別の人口が公表されていることが多い．人口や世帯数の推移や過去のデータを利用すると，地域社会の変化を捉えることができる．4.1 節で説明したように，調査研究の目的に応じた地域の範囲の数値を把握するとよい.

表 4.2　新潟県佐渡市の人口推移

年次	両津 人口	両津 増減率	相川 人口	相川 増減率	佐和田 人口	佐和田 増減率	金井 人口	金井 増減率	新穂 人口	新穂 増減率	畑野 人口	畑野 増減率	真野 人口	真野 増減率	小木 人口	小木 増減率	羽茂 人口	羽茂 増減率	赤泊 人口	赤泊 増減率	佐渡市全域 人口	佐渡市全域 増減率
1960年	28,892	–	19,057	–	12,545	–	9,520	–	7,131	–	8,917	–	9,156	–	5,948	–	6,631	–	5,499	–	113,296	–
1965年	26,494	91.7%	16,454	86.3%	11,789	94.0%	8,876	93.2%	6,383	89.5%	7,891	88.5%	8,386	91.6%	5,500	92.5%	6,127	92.4%	5,025	91.4%	102,925	90.8%
1970年	23,483	88.6%	14,654	89.1%	11,018	93.5%	8,255	93.0%	5,882	92.2%	7,040	89.2%	7,588	90.5%	4,858	88.3%	5,690	92.9%	4,090	81.4%	92,558	89.9%
1975年	22,110	94.2%	13,546	92.4%	10,639	96.6%	8,061	97.6%	5,525	93.9%	6,450	91.6%	7,368	97.1%	4,717	97.1%	5,338	93.8%	3,750	91.7%	87,504	94.5%
1980年	21,248	96.1%	12,721	93.9%	10,928	102.7%	8,011	99.4%	5,309	96.1%	6,177	95.8%	7,171	97.3%	4,593	97.4%	5,259	98.5%	3,525	94.0%	84,942	97.1%
1985年	20,412	96.1%	11,891	93.5%	10,613	97.1%	7,907	98.7%	5,212	98.2%	5,944	96.2%	6,913	96.4%	4,428	96.4%	5,105	97.1%	3,514	99.7%	81,939	96.5%
1990年	19,432	95.2%	11,121	93.5%	10,108	95.2%	7,509	95.0%	4,964	95.2%	5,611	94.4%	6,709	97.0%	4,210	95.1%	4,905	96.1%	3,492	99.4%	78,061	95.3%
1995年	18,430	94.8%	10,330	92.9%	10,134	100.3%	7,359	98.0%	4,776	96.3%	5,453	97.2%	6,371	95.0%	4,062	96.5%	4,690	95.6%	3,342	95.7%	74,949	96.0%
2000年	17,394	94.4%	9,669	93.6%	10,343	102.1%	7,278	98.9%	4,559	95.4%	5,362	98.3%	6,134	96.3%	3,858	95.0%	4,455	95.0%	3,121	93.4%	72,173	96.3%
2005年	15,965	91.8%	8,601	89.0%	9,966	96.4%	7,088	97.4%	4,243	93.1%	4,965	92.6%	5,943	96.9%	3,547	91.9%	4,125	92.6%	2,943	94.3%	67,386	93.4%
2010年	14,723	92.2%	7,733	89.9%	9,262	92.9%	6,942	97.9%	4,089	96.4%	4,719	95.0%	5,529	93.0%	3,238	91.3%	3,831	92.9%	2,661	90.4%	62,727	93.1%
2015年	13,107	89.0%	6,789	87.8%	8,788	94.9%	6,565	94.6%	3,762	92.0%	4,388	93.0%	5,052	91.4%	2,964	91.5%	3,403	88.8%	2,437	91.6%	57,255	91.3%
2020年	11,572	88.3%	5,809	85.6%	8,308	94.5%	6,172	94.0%	3,396	90.3%	4,034	91.9%	4,443	87.9%	2,583	87.1%	3,063	90.0%	2,112	86.7%	51,492	89.9%

[出典：佐渡市 HP]

b. 産業

　次に，風景や暦，空間構造の分析を通じて捉えた地域の特徴的な産業を定量的に理解する．農業，商業，工業の実態，地域の産業構造を定量的に把握するためには，政府が定期的に実施している農林業センサス，経済センサス，工業統計などで把握できる．近年は，自治体ごとの産業構造や産業別の内訳がまとめられたデータを簡単に手に入れることができる（図4.3）．

c. 家計・労働・経済

　家計・労働・消費など，地域経済に関するデータを把握する際には，社会生活基本調査，労働力調査，家計調査，国勢調査を参照する．さらに，産業連関表や県民経済計算など，地域内の経済循環を把握することも，観光まちづくりの推進と安定化を検討するために有用である．

4.3　地域の組織や取り組みを知る

　次に，地域内の組織と取り組みを把握す

る．本書では，とくに地域社会を構成する基本的な組織と観光やまちづくりに携わる組織，地域資源に関わる組織に注目する．

a. 地域社会を構成する組織

　まず，地域社会を構成する組織を取り上げる．自治会や町内会をはじめ，地域の居住者によって構成される基本的な組織があり，地域の自治を担っている（表4.3）．居住者，または担い手として観光まちづくりに深く関わる主体・組織でもある．婦人会や青年会，小中学校におけるPTA，神社の氏子衆や寺院の旦那衆など，様々な世代やテーマに対応する地域に根差した組織が存在する．この他，農業，漁業，林業，商工業など，地域経済を支える事業や組織にも注目したい．福祉，教育・スポーツ，防災といった社会的課題に取り組んでいる組織もある．地域によっては，まちづくり協議会やエリアマネジメント組織などが各種組織と連携しながら，複合的，総合的に地域の諸課題を扱っている場合もある．

b. まちづくりや観光に関わる組織

　次に，前章までにみてきた風景，暦などの地域資源に関わる組織に注目したい．歴史的建造物や町並み，文化的景観，祭礼や行事，工芸，伝承文化，自然地や景勝地に関わっている組織が挙げられる．さらに，これらの組織による地域資源への関わり方についても注目したい．特に地域資源の所有，利用，管理の関係を把握するとよい．例えば，地域

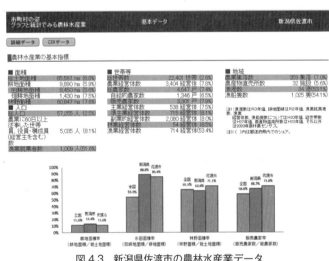

図4.3　新潟県佐渡市の農林水産業データ
［出典：わがマチ・わがムラー市町村の姿］

表 4.3　地域社会を構成する組織・観光やまちづくりに関わる組織

分類	組織・団体例
自治	自治会・町内会 まちづくり協議会，エリアマネジメント組織 婦人会，敬老会，青年会，子ども会 講・結・もやい，檀家衆・氏子衆
防災	消防団，水防団，地域防災組織
教育	PTA，学童クラブ，おやじの会
福祉	社会福祉協議会，ボランティア団体
自然	環境・生き物保護団体，エコツーリズム団体，案内人の会 水辺の楽校，ミズベリング，ボーイスカウト
歴史・文化	公園サポーター・ボランティアグループ，プレーワーカーの会 郷土史会，地域史研究会，語り部の会 祭・伝統芸能保存継承会，郷土料理研究会 歴史的建造物・史跡・庭園保存会 アート・芸術グループ 多文化共生・国際交流グループ スポーツクラブ，スポーツ少年団
産業・経済	農業協同組合，漁業協同組合，森林組合 商店街振興組合，商工会議所，青年会議所，TMO・まちづくり会社 銀行・信用金庫・ファンド
観光	観光協会，DMO-DMC 旅館ホテル組合，交通事業者（鉄道，バス，タクシー，レンタサイクル）
情報・メディア	新聞・テレビ・地域雑誌

図 4.4　DMO の地域における位置付けと役割
[出典：国土交通省HP]

4.4）をみると，観光まちづくりは宿泊施設や飲食店，交通事業者など観光事業の関係者だけでなく，国立公園，文化財など地域資源を管理する主体，農林漁業，商工業，アクティビティなどの事業者，さらに地域住民，そして地方公共団体によって推進されることが期待されている．このような担い手と主体間の連携を意識しながら，地域内の組織と取り組みを調べてみるとよいだろう．

c. 組織の形態・種別

　地域の組織は，任意団体，NPO法人，社団法人，株式会社など，法人としての種別は多様である．地域に根ざした組織が衰退する中で，NPO法人などテーマに特化した組織の重要性が高まっている（表4.4）．

表 4.4　特定非営利活動促進法に掲げられている活動分野

①	保健・医療・福祉	⑩	人権・平和
②	社会教育	⑪	国際協力
③	まちづくり	⑫	男女共同参画社会
④	観光	⑬	子どもの健全育成
⑤	農山漁村・中山間地域	⑭	情報化社会
⑥	学術・文化・芸術・スポーツ	⑮	科学技術の振興
⑦	環境の保全	⑯	経済活動の活性化
⑧	災害救援	⑰	職業能力・雇用機会
⑨	地域安全	⑱	消費者の保護
		⑲	連絡・助言・援助
		⑳	条例指定

[出典：内閣府NPOホームページ]

資源を所有者が保全活用している場合と，所有者とは別の管理者が保全活用している場合がある．公民連携の必要性や財政難を背景として導入された，公有地における指定管理者制度，Public Private Partnership制度，Private Finance Initiative制度では，民間事業や利用者が管理者となっている．また，公園サポーター・ボランティアグループのように，利用者が管理の一端を積極的に担うような仕組みもみられる．

　観光協会，DMO（Destination Management/Marketing Organization）といった観光まちづくりを担う法人も重要な役割を果たす．DMOの位置付けと役割（図

4.4　地域外とのつながりを知る

　観光まちづくりを考えるうえでは，地域外の人々とのつながりについて把握することも重要である．とりわけ，近年ではまちづくり活動の担い手として，地域住民ではない，外部人材が活躍する場面が増えつつある．

a. 地域支援としての外部人材

　地域づくりに外部人材が積極的に関わるようになった例としては，2004年の中越地震をきっかけにはじまった大学生やボランティアなどによる地域住民との交流と2008年から本格的に活動がはじまった「地域復興支援員」が挙げられる．

　地域復興支援員制度は，新潟県が中越地震の第二次被災地復興計画において，集落コミュニティ再建の柱の1つとして位置付け，10年の時限を定めて設置された中越復興基金をその財源として制度化されたものである．

　復興支援員の活動は地域によって異なるが，日常生活のサポートである生活補完型支援と地域住民に寄り添いながら一緒に集落の将来像を考え，その想いを後押しする中で，地域住民が地域の価値に気づき誇りを取り戻すプロセスに同伴する価値創造型支援に分けられる．

　この地域復興支援員をモデルとして2009年からはじまったのが，総務省の地域おこし協力隊である．この地域おこし協力隊制度は人口減少の著しい地域の自治体が特別交付税を用いて地域活動に従事する人材を任用するもので，3大都市圏をはじめとする都市圏から公募し，3年の任期となっている．2020年3月末時点で任期終了した隊員数は6,525名

となっており，過疎に悩む自治体側は地域の担い手として，任期終了後に定住を望んでいる一方，地方への移住を目的としている隊員にとっては，地域に関わるきっかけだけでなく，定住までの生活に困らないという自治体側と都市住民側の双方のニーズを満たす制度となっている．

　この地域おこし協力隊の活動内容の中には観光協会での従事や地域のプロモーション活動など，観光まちづくりに関わるものを入れる自治体が多くみられるようになっている．

　これは，外部者の視点から地域を客観的にみることで，地域の魅力や地域の課題を掘り下げることが可能になる他，都市住民ならではのネットワークや情報発信力が期待されていることもある．

b. 都市農村交流における外部人材の役割

　近年では都市住民が地域づくりに積極的に関与する交流手法が制度化されつつある（図4.5）．

　これは「交流」そのものを目的とした都市農村交流事業ではなく，より積極的に外部者を地域づくりに関わってもらうという視点での取り組みである．

　旧国土庁時代の1996年からはじまった「地域づくりインターン」事業がその草分けともいえる．これは大都市圏の大学生などが，夏休みなどを利用し，過疎地などの地域づくりの現場の体験調査員として2～4週間程度入り込み，地域づくり活動などに従事するものである．地域への関わり方はそのまま地域との関わりの深さに関係してくる（図4.6）．

　例えば地方創生の取り組みの1つとしてはじまった「ふるさとワーキングホリデー」は総務省が「都市に暮らす若い人たちが，一定

図4.5 都市住民が地方に関わる機会の創出
[（「協働の段階」の都市農村交流事業・筒井（鳥取大学））に加筆]

図4.6 地域への関わりの深度とユーザーボリューム

の期間，地域に滞在し，働きながら，地域の人たちとの交流の場や学びの場などを通して，通常の旅行では味わえない，地方をまるごと体験してもらい，地域とのかかわりを深めてもらおうというもの」と定義しており，前述の地域づくりインターンの趣旨に類するが，若干地域への積極的な関与が薄く，いわゆるグリーン・ツーリズム的な位置付けとなる．

さらに，地域課題解決に軸足を置いたものとしては「プロボノ」が挙げられる．とくに地方圏での活動を目的とした「ふるさとプロボノ」と呼ばれるものは，大都市圏で活動する社会人がビジネスなどで培ったスキルや経験を地域コミュニティの課題解決の一助とし

て提供するもので，より地域への関わりは深くなる．

また，都市部の消費者が農業生産者に代金前払いし，定期的に作物を受け取る契約を結ぶCSA（Community Supported Agriculture：地域支援型農業）と呼ばれるものがある．

これは単なる野菜などの購入契約に留まらず，実際に生産の現場のサポートなどに関わることも可能なことが多く，これも，結果的に作り手との関係が深くなるケースがみられる．

類似するものとしては，作り手と消費者をつなぐメディア「食べ物付き情報誌」として2013年に「東北食べる通信」がスタートし，このコンセプトに共感する人たちの手によって41地域に広がりをみせ，この食べる通信をきっかけに農家へのボランティアなどのつながりをつくる都市住民も出てきている．

逆に地域との関わりが浅くても，結果的に地域との関わりの間口を広げているものとして，都市部にある地方のアンテナショップでの物品購入や，ふるさと納税で地域産品を受け取る仕組みも定着しつつある．

2020年から起こった新型コロナの影響で，実際に地方に行けない人々が地域を支え，関わるツールとしてクラウドファンディングや地域支援型ふるさと納税が見直されている．

このように，地方に暮らす人々が都市住民とつながる機会はさらに増えてきたが，間口を広げ，新しいつながりを観光まちづくりに活かすのは，地域側の受け皿となる組織・団体の力量にも関わってくる．

4.5　組織・活動の調べ方と整理の仕方

最後に，地域内の組織が具体的にどのようなテーマや活動に取り組んでいるのかを把握したい．組織の活動内容，拠点や設立の経緯や活動の履歴を調べ，地域における各組織の位置付けや役割を理解する．

a. 資料や情報の収集

地域の組織や活動については，まず組織が発行する定期刊行物，広報誌，報告書などが貴重な情報源となる．このような資料は，地域の中央図書館や郷土資料室などに所蔵されていることがある．また，HP内で様々な情報を公開している組織，インターネットやSNSで情報を発信している組織も少なくない．

NPO法人や任意団体などの形態をとり，存在を把握すること自体が容易でない場合もある．その場合は，行政や公的法人によるまちづくりを支援・補助する仕組みを確認することも手がかりとなる．また，地域が目指す方向性や直面する課題に応じた組織に注目してもよいだろう．ただし，範囲を絞り過ぎると，重要な事実を見落とすことには十分に注意したい．

b. 話を聞く

組織へのヒアリング調査も有用な方法である．ヒアリング調査は，刊行物にまとめられていない事実を把握することができ，組織（の人々）の考え方，意識・認識，さらに過去の出来事を知ることも可能である．しかし，安易にヒアリング調査を行わず，まずは既存の各種資料を把握したうえで，必要に応じて目的を明確にしたヒアリング調査を行うべきである．

話を聞く際は，事前に様々な情報を収集しておきたい．話を聞く機会がより有益になる．話を聞く目的や聞きたい内容は具体的で明確になり，話し手も話しやすくなる．話し手に事前に聞きたいことを知らせることも心掛けたい．また，話を聞く際には，関心がある話題に集中しつつ，調査前に関心を持っていなかった情報にも注意を払いたい．新しい視点を得たり，視野を広げるきっかけになるだろう．

最後に，話を聞くうえで記録を取ることは，その後の整理や検討のために不可欠である．調査後の情報の活用方法に応じた方法を検討したい．場合によっては，許可を得て会話を録音するとよいだろう．

c. 場所との関係や時系列を整理する

各組織の活動や特徴を把握するだけでなく，地域における位置付けを理解できると，地域のまちづくりや観光の流れと全体像を掴むことができる．そこで，組織の拠点や活動場所が視覚的に把握できる地図を作成することが有効である．図4.7は，地域を代表する風景とそれらの風景づくりに取り組んでいる活動団体が示された地図である．このような地図の作成によって，地域資源の分布とともに，資源に関わる人々や組織との関係を理解

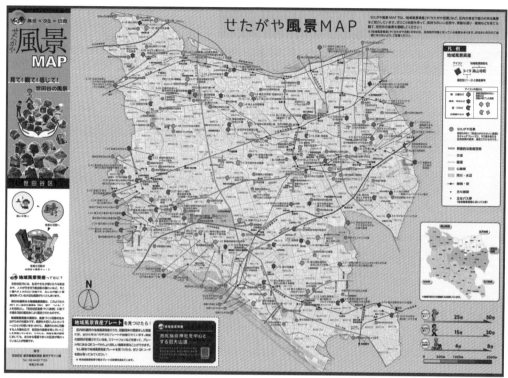

図 4.7 地域住民により大切にされている風景とその保全活用に取り組む組織や活動場所の関係を示した地図
（せたがや風景 MAP）

できる.

また，地域の出来事との関係を捉えるために，組織の活動の履歴を記した年表を作成することも有効である.

文　献

宇都宮浄人，多田　実（2022）『まちづくりの統計学』，学芸出版社

農林水産省 HP 「わがマチ・わがムラ―市町村の姿」

http://www.machimura.maff.go.jp/machi/index.html

山崎義人，清野　隆，柏崎　梢，野田　満（2021）『はじめてのまちづくり学』，学芸出版社

後藤春彦 監修，早稲田大学後藤春彦研究室（2000）『まちづくり批評　愛知県足助町の地域遺伝子を読む』，株式会社ビオシティ

大谷信介，木下栄二 他著（2013）『新・社会調査へのアプローチ　論理と方法』，ミネルヴァ書房

国土庁計画・調整局 編（1994）『交流人口 新たな地域政策』,大蔵省印刷局

田中輝美（2021）『関係人口の社会学 ―人口減少時代の地域再生』,大阪大学出版会

第5章 地域の人のまとまりや 地域間の人の流れを知る

大門 創

地域には，他地域から来訪してくる観光客だけではなく，当該地域に住んでいる人，働いている人が「住む」「働く・学ぶ」「憩う」「移動する」といった活動を行っている.

観光まちづくりを考えるうえでは，域外からの観光客と地域住民が空間的にどのように分布し，どのように活動・移動しているかを把握することは重要である. このとき，以下の2つの段階での活用シーンがある.

第一に，地域の「現状把握から問題把握，課題設定」の段階であり，様々な指標を類似地域と比較することを通じて，対象地域の特徴や課題を浮き彫りにすることができる.

第二に，地域の「課題解決策やまちづくり提案」の段階であり，あらかじめ仮説を設定したうえで指標を分析することを通じて，まちづくり提案に対するフィージビリティ（実現可能性）を裏付けることができる.

本章では，①地域の人口分布を空間的に把握する方法と，②地域間や地域内の人の移動を時空間的に把握する方法，を概説する.

5.1 地域の人口分布を理解する

人口には，様々な種類や統計がある.

観光地域や農山漁村地域では，当該地域に居住する人か，域外から訪問する人かで，「定住人口，関係人口，交流人口」と表現することが多い（詳細は第4章参照）.

一方，都市地域では，住む場所と働く場所から，「常住人口，従業人口」や「夜間人口，昼間人口」と表現することが多い（図5.1）.

図5.1 様々な人口の種類

a. 夜間人口（常住人口）

夜間人口（常住人口）とは，「当該地域に常住している場所（夜間に帰宅する場所，主に自宅）で集計した人口」である.

我が国では，国が5年に一度実施する国勢調査と，市町村が転入・転出情報をもとに毎月作成する住民基本台帳がある.

国勢調査は，調査時点の実際の常住地に基づき調査している一方で，住民基本台帳は，住民票をもとに調査しているため，住民票とは別の地域に住んでいる人（一人暮らしの学生など）が多い場合には注意が必要である.

国勢調査の集計単位は，都道府県，市区町村の他にも，小地域（おおむね町字単位），

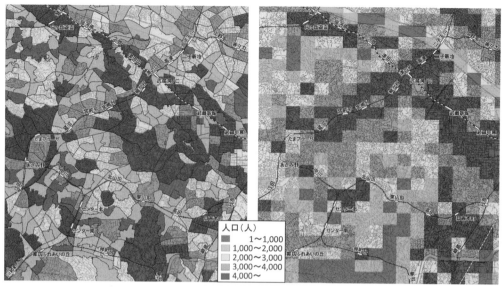

図 5.2　夜間人口（常住人口）分布の例（左：小地域，右：500 m メッシュ）
[出典：国土数値情報より作成]

メッシュ（1 km，500 m，250 m四方など）など様々な単位があり，使用目的によって適切に使い分けることが望ましい（図5.2）.

b. 人口集中地区（DID）

夜間人口に基づく指標として，人口集中地区がある．人口集中地区（Density Inhabited District）とは，「夜間人口データに基づき，一定の基準（①原則として人口密度が4,000人/km²以上の基本単位区が市区町村の境域内で隣接し，②それら隣接した地域の人口が5,000人以上となる地域）により都市的地域を定めたもの」である（第3章，図5.3）.

人口集中地区は，市区町村内を都市的性格が強い地域と，農山漁村的性格が強い地域に分ける場合などに使われる指標である．

c. 従業・通学人口

従業・通学人口（従業地・通学地による人口）とは，「当該地域で従業または通学している場所で集計した人口」である．

例えば，A市に常住し，B市へ通勤・通学する場合，常住人口（夜間人口）はA市でカウントされ，従業・通学人口はB市でカウントされる．このとき，従業・通学人口はA市からみれば流出人口となり，B市からみれば流入人口となる（図5.4）.

d. 昼間人口

昼間人口とは，「当該地域の夜間人口から，通勤・通学のための他地域からの流入人口を足し，通勤・通学のための他地域への流出人口を引いた人口」である．また，昼夜間人口比率とは，「夜間人口に対する，昼間人口の割合」である．

昼夜間人口比率は，業務中心地区（CBD）では高くなり，ベッドタウンや住宅地区では低くなる傾向にある．ただし，通勤・通学のみの流入出のみで算出しており，買物，観光，出張などの流出入は含まれていないため，その点には注意が必要である．

なお夜間人口，人口集中地区，従業・通学人口，昼間人口などのデータは，政府統計の窓口e-Statの「地図で見る統計（統計GIS）」

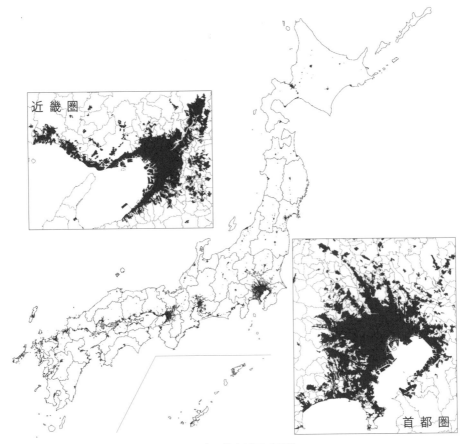

図5.3　人口集中地区（DID）
［出典：国土数値情報より作成］

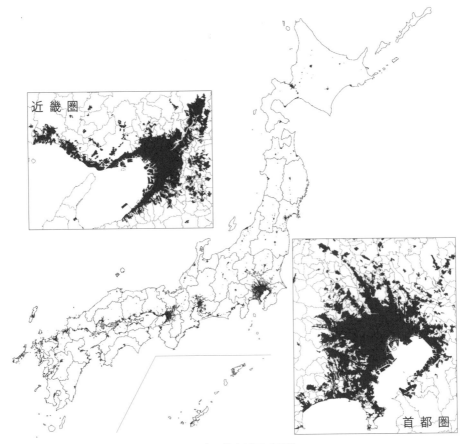

図5.4　流入出人口の例
［出典：横浜市：横浜市統計ポータルサイト］

で誰でも容易に入手できる.

e. 滞留人口（滞在人口）

　滞留人口（滞在人口）とは，明確な定義はないが，本章では「任意の時点に，当該地域に滞留している人々の人口」とする.

　後述するパーソントリップ調査や携帯電話などの移動通信端末によって，1日・市町村よりも細かい時間的・空間的単位で把握（図5.5）することができ，それらを任意のエリアごとに集計することで，滞留人口を可視化できる（図5.6）. ただし，滞留人口の中には，住んでいる人，来訪した人，移動中の人が含まれていることに注意が必要である.

5.2 交通統計を理解する

交通統計を扱うことによって，地域住民の日常生活の問題・課題や，地域外からの来訪者の実態や課題を明らかにできる．

a. 総流動と純流動

交通統計は，総流動と純流動に大別される．

総流動（gross flow）とは，「輸送機関（自動車，鉄道，海運，航空など）に着目し，ある輸送機関がどこからどこまで人（旅客）または物（貨物）を輸送したかを流動として捉えたもの」である．

純流動（net flow）とは，「人（旅客）または物（貨物）に着目し，出発点から到着点までの動きを一区切りの流動として捉えたもの」である．

例えば，ある地域・ある道路・ある地点（断面）の自動車交通量を知りたい場合は，総流動調査（道路交通センサス）を使うが，観光客がどこからどこへ移動しているか（真の出発地・到着地）を知りたい場合は，純流動調査（幹線旅客純流動調査）を使う．

各種交通統計の集計データであれば，HPからダウンロードできる（表5.1）．

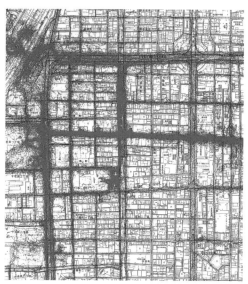

図5.5 経緯度データの例

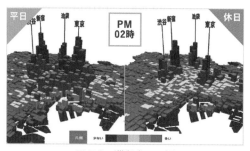

図5.6 滞留人口の例
[出典：モバイル空間統計]

表5.1 総流動と純流動の統計調査の例

交通統計	対象	統計調査	調査事項の例
総流動調査	自動車	全国道路・街路交通情勢調査（道路交通センサス）	断面交通量，ODなど
		自動車輸送統計調査	旅客・貨物の輸送人キロ・トンキロなど
	鉄道	鉄道輸送統計調査	旅客・貨物数量，人キロ・台キロ，収入など
		都市交通年報	旅客・貨物の輸送人員・トン，運輸収入など
	海運	内航船舶輸送統計調査	貨物の輸送量，燃料消費量，航海距離など
		港湾調査	貨物のトン・台，コンテナ個数など
	航空	航空輸送統計調査	旅客・貨物の輸送人数，
		航空貨物動態調査	貨物のODなど
純流動調査	人	パーソントリップ調査	都市圏内の日常的な人の純流動
		全国幹線旅客純流動調査	全国の非日常的な人の純流動
		大都市交通センサス	都市圏内の鉄道による人の純流動
		航空旅客動態調査	全国の航空による人の純流動
		国勢調査	通勤・通学の交通手段
	物	物資流動調査	都市圏内の物の純流動
		全国貨物純流動調査（物流センサス）	全国の物の純流動

図5.7　トリップと交通手段の概念

b. トリップ

トリップ（trip）とは，「ある移動目的（通勤・通学・買物・観光など）を持った出発点から到着点までの動き」であり，その移動を定量的に表現する際の単位となる．

トリップは，リンクトリップとアンリンクトリップに分類できる．例えば，自宅から観光施設まで，自転車→鉄道→徒歩で移動する場合，この一連の移動をリンクトリップといい，自転車，鉄道，徒歩のような交通手段別の各トリップは，アンリンクトリップ（手段トリップ）という（図5.7）．

c. 代表交通手段・端末交通（手段）

代表交通手段（main mode of transport）とは，「一つのトリップで複数の交通手段を利用する場合の主な交通手段」のことである．主な交通手段の優先順位は，航空機，船舶，鉄道，バス，自動車，二輪車，徒歩の順が一般的である．

端末交通（手段）とは「一つのトリップで複数の交通手段を利用する場合，代表交通手段以外の交通（手段）」のことである．

例えば，自宅から乗車駅まで自転車で移動し，乗車駅から降車駅まで鉄道で移動し，降車駅から観光施設まで徒歩で移動した場合の代表交通手段は「鉄道」となり，端末交通手段は「自転車」と「徒歩」となる．

端末交通は，観光分野においては「二次交通」とも呼ばれ，主に空港や駅からの交通サービスが脆弱であることが問題となる．

d. アクセス交通・イグレス交通

アクセス交通（access traffic）とは，「一つのトリップで複数の交通手段を利用する場合，代表交通手段に接近する交通」のことである．イグレス交通（egress traffic）とは，「一つのトリップで複数の交通手段を利用する場合，代表交通手段から遠ざかる交通」のことである．

例えば，自転車→鉄道→徒歩で移動した場合，自転車がアクセス交通になり，徒歩がイグレス交通になる．

e. ゾーン

ゾーン（zone）とは，純流動調査において，「一定の広がりを持つ地域」のことである．トリップ単位のデータを，ゾーン単位に集計して分析することが多い．

ゾーンは，調査の目的や，社会経済指標との関係性，前回調査との整合性などを加味して決定される．ゾーンの単位は，都道府県単位，市町村単位，町丁字単位など調査によって様々である．

f. 発生・集中交通量

発生交通量（generated traffic volume）とは，「あるゾーンから出発したトリップの総数」，集中交通量（attracted traffic volume）とは，「あるゾーンへ到着したトリップの総数」である．

集中交通量を調べることで，ある拠点（ゾーン）にどの程度の人が集まってきているかがわかる．また，発生交通量を調べることで，その拠点に集まった人がどこから発生（来訪）してきているかがわかる（図5.8）．したがって，拠点に来訪する人の範囲がわかったり，新たな集客ターゲットとするエリアを絞り込むことが可能となる．

一般的に，ゾーン内の人口や建物床面積が大きいほど，発生交通量や集中交通量は大きくなる．そのため，発生交通量（集中交通量）を人口や床面積で除した発生原単位（集中原単位）を推計することで，地域開発による発生交通量（集中交通量）がどの程度変化するかを予測することができる．

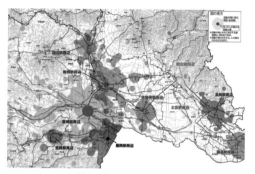

図5.8　特定ゾーン着の発生量分布の例
［出典：群馬県：群馬県パーソントリップ調査］

g. 分布交通量（OD）

分布交通量（distributed traffic volume：OD volume）とは，「あるゾーンからあるゾーンへ流動したトリップの総数」である．出発地がOrigin，到着地がDestinationであることから，OD交通量（またはOD）と呼ばれることが多い（**図5.9**）．

ODを調べることで，地域内外を人がどのように移動しているかを把握することができる．また，個人属性（性別，年齢，自動車保有状況），移動目的，交通手段別に調べることで，交通上の課題を明らかにし，新たに整備すべきインフラ（道路や鉄道）を検討したり，公共交通のサービス水準（運行本数，起終点）の見直しに活用することができる．

図5.9　ODの例（上：鉄道，下：自動車）
［出典：東京都市圏交通計画協議会］

5.3　交通統計を利用する

観光まちづくりにおいて，課題把握や解決策提案を行うにあたっては，総流動調査よりも，純流動調査を使用することが多い．そのためここでは主に，交通統計の中でも，純流動調査について取り扱う．

総流動の調査は，乗車券の販売実績やETCの利用実績などを機械的にデータ変換することによって，比較的容易に入手できる．一方，純流動の調査は，旅行者ひとりひとりの真の出発地・到着地や個人属性を把握する必要があることから，アンケート調査を行う必要があり，比較的入手困難である．しかし近年は，公共交通のICカードから乗車駅・降車駅を把握できたり，携帯電話から位置情報を把握できたり，アンケート調査をせずとも純流動を把握できるようになってきた．

ここでは，観光まちづくりで活用できるよ

うな純流動調査として,「パーソントリップ調査」,「全国幹線旅客純流動調査」,「携帯端末等位置情報データ」をとりあげ,その概要と活用上の留意点を整理する（表5.2）.

a. パーソントリップ調査

パーソントリップ調査は,「全ての目的」,「全ての交通機関」を利用し移動する任意の1日の旅客純流動の実態を,「特定の都市圏」で,定量的かつ詳細に把握した調査である.総合的な都市交通体系（マスタープラン）を策定することを目的としている.

パーソントリップ調査は,特定の1日を対象としているため,日常的な移動は捕捉されやすいが,非日常的な移動は捕捉されにくい.また調査対象エリアは,日常生活圏（母都市への通勤5%圏域など）を都市圏として

設定されていることが多く,都市圏外から移動してくるトリップは捕捉されていない.

そのため,パーソントリップ調査は,地域に来訪する「観光」には向いておらず,地域に定住する住民の「まちづくり」に活用することが望ましい.

東京都市圏交通計画協議会,京阪神都市圏交通計画協議会,中京都市圏総合都市交通計画協議会のHPでは,データ集計システムが用意されており,様々な集計結果をダウンロードして分析することが可能である.

b. 全国幹線旅客純流動調査

全国幹線旅客純流動調査は,「仕事,観光,私用・帰省などの目的」で,「幹線の交通機関」を利用し移動する任意の1日の旅客純流動の実態を,「全国」で,定量的かつ網羅的に把握した調査である.我が国の幹線交通機関における旅客流動の実態を定量的かつ網羅的に把握することを目的としている.

旅客流動の目的は,「出張等の仕事」「観光」「私用・帰省」であり,通勤・通学とその帰宅は除いている.

幹線交通機関とは,都道府県を超えて利用される交通機関であり,「航空」「鉄道」「幹線旅客船」「幹線バス」「乗用車等」である.

そのため,幹線旅客純流動調査は,地域に定住する住民の「まちづくり」には向いておらず,地域に来訪する「観光」に活用することが望ましい.

国土交通省の幹線旅客純流動調査のHPでは,出発地-目的地間または居住地-旅行先間のトリップのOD表が,都道府県間または207生活圏間（図5.10）で整備されている.またOD別交通サービス水準（所要時間,費用,距離）もダウンロード可能であり,サービス水準とトリップ数の関係を分析すること

表5.2　純流動調査の比較

	a.パーソントリップ調査	b.全国幹線旅客純流動調査 c.訪日外国人流動データ	d.帯端末等位置情報データ
データ頻度	10年ごと 主に平日	5年ごと 平日・休日	365日 24時間
対象地域	都市圏単位	全国	全国
出発地 到着地	ゾーン単位（市町村より細かい）	ゾーン単位（都道府県,207生活圏）	都道府県 市区町村 メッシュなど
移動目的	すべて（ただし非日常的な移動は脆弱）	仕事,観光,私用・帰省のみ（通勤・通学・その帰宅は除く）	不明
移動手段	すべて	都道府県を超え利用される機関のみ	不明（経路より予測可）
個人属性	有	有	一部有（性年齢・居住地など）
データ取得方法	三大都市圏はHPより集計データをDL可	国交省HPより集計データzをDL可	RESASより一部閲覧可

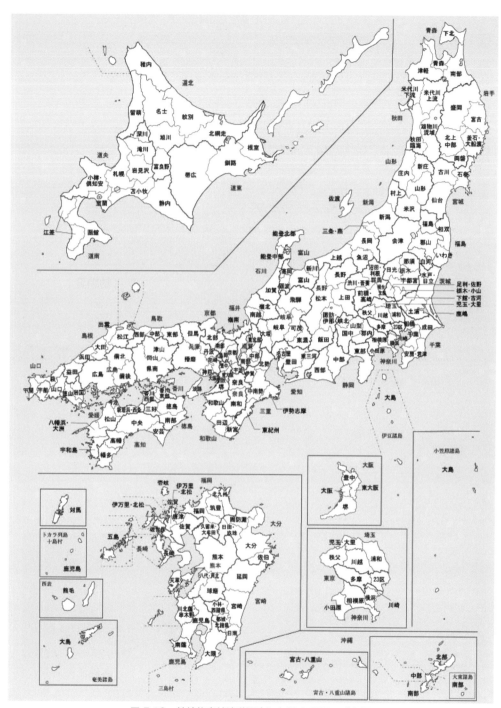

図 5.10 幹線旅客純流動調査における 207 の生活圏
［出典：国土交通省（2015）：第6回幹線旅客純流動調査パンフレット］

ができる.

c. 訪日外国人流動データ (FF-Data)

　訪日外国人流動データは，「観光・レジャー，業務などの目的」で，「幹線の交通機

表5.3　FF-Data による OD 表（上：構成，下：実態）

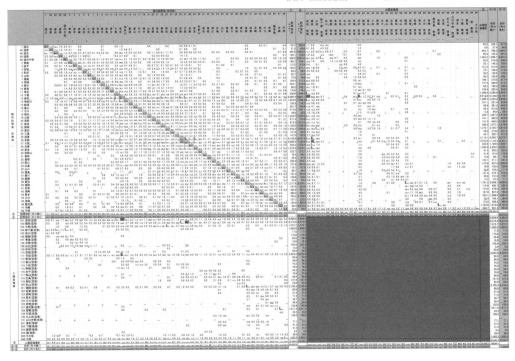

（出典：国土交通省，FF-Data（訪日外国人流動データ）利用の手引き）

関」を利用し移動する「訪日外国人」の旅客純流動の実態を，「全国」で，既存の統計調査で得られた情報で作成したデータである．

訪日外国人流動データは，幹線旅客純流動調査のデータと類似しており，こちらは都道府県のOD表を，国籍別や交通機関別にダウンロードすることができる.

また，幹線旅客純流動調査とは異なり，訪日外国人流動データは，国内の訪問地と，入出国空港の間のトリップも把握することができる（表5.3）.

d. 携帯電話等位置情報データ

　携帯電話等位置情報データは,「携帯電話で通信する際に記録される位置情報を加工したデータ」である. 携帯電話等位置情報データには,「基地局からの情報」,「GPSからの情報」,「wifiからの情報」「SNSからの情報」などがある.

　基地局情報は, 携帯電話による通話のための電波を活用して位置情報を推計するもので, 中山間地域では比較的誤差は大きいものの, 大規模なサンプルを確保できる.

　GPS情報は, 衛星を活用して位置情報を特定するもので, 誤差は小さいものの, 個人情報保護の観点から, データの活用には本人の許諾が必要な場合が多い.

　wifi情報は, 市中に設置されているwifiの電波を活用して位置情報を推計するもので, 比較的誤差は小さいものの, 特定の地域のサンプルしか確保することができない.

　携帯電話等位置情報データは, これらの特徴を把握し, どのような目的で活用するかを検討したうえで, 利用することになる.

　例えば, 地域の滞在者数を, 属性(性年齢, 居住地など)別, 滞在時間別, 旅程別(日帰り・宿泊)に把握するなど, 統計調査では不可能であった分析は, 携帯電話等位置情報のデータが有効に働く場合が多い.

　さらに, 地域とその周辺地域を含めた広域観光周遊ルートを検討する際に, 現状ではどのような観光地や観光資源を周遊しているかを把握することが可能である(図5.11). 現状の観光周遊行動を把握し, 観光地間の魅力や移動抵抗を考慮して, 新たな観光周遊ルートを開発していくことが可能となる.

5.4　観光まちづくりに活かす

a. web GISの活用

　近年では, 内閣官房まち・ひと・しごと創生本部が提供する「地域経済分析システム(RESAS)」や, 官学連携組織による「都市構造可視化計画」, 政府統計の総合窓口e-Statが提供する「地図で見る統計(jSTAT MAP)」など, web GISであれば, 空間レベル, 加工レベル, データの種類はある程度制限されるものの, 簡易な現況分析は可能になってきている(表5.4).

　とくにRESASでは,「まちづくりマップ」や「観光マップ」など9つのマップを分析できるツールとなっている.

　まちづくりマップでは, 人口, 建物, 立

表 5.4　GIS ツールの種類と特徴

	Web GIS		GIS
	RESAS 都市構造可視化計画	jSTAT MAP	有償:ArcGIS,SIS,MapInfoなど 無償:QGIS, MANDARAなど
利用環境	◎インターネット環境があれば利用可能	◎インターネット環境があれば利用可能	△有償または無償のソフトウェアのインストールが必要
利用者のレベル	◎初級(インターネットを利用したことがあれば 可能)	○中級(ある程度地理的リテラシーが必要)	△上級(地図, PC, 数学の知識がある程度必要)
データの空間レベル	△市町村間や都道府県間のデータがメイン	○市町村内のデータがメイン	◎あらゆるデータ
データの加工レベル	△加工は不可能	○ある程度加工が可能	◎あらゆる加工が可能
描画の自由度	△予め用意された表現方法のみ	○ある程度編集可能	◎自由に編集可能
データの種類	○公的データだけでなく民間データも	△公的データがメイン	◎あらゆるデータ

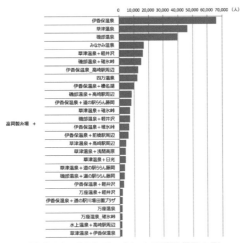

図 5.11　GPS データによる周遊行動の例
[出典：群馬県：群馬県パーソントリップ調査]

図 5.12　RESAS の例（清水寺の出発地分布）
[出典：地域経済分析システム（RESAS）]

表 5.5　GIS データのダウンロード先

GIS データ	提供元	提供データの例
地図で見る統計 （統計 GIS）	政府(総務省)	・小地域, メッシュなどの図形データ ・人口, 経済などの属性データ
国土数値情報	国土交通省	・国土, 政策区域, 施設, 観光資源などの図形・属性データ
基盤地図情報	国土地理院	・標高, 道路縁, 建築物などの図形データ

地, 地価, 所要時間などを把握でき, まちづくり施策の立案や, 商業業務分野のマーケット分析・戦略立案に活用可能である.

　観光マップでは, 日本人・外国人観光客の, 目的地, 宿泊地, 流動状況などを把握でき, 観光施策の提案や, 観光分野のマーケット分析・戦略立案に活用可能である（図5.12）.

b. GIS の活用

　第3章で紹介されている GIS（地理情報システム）を活用することで, PC の動作環境や利用者の予備知識が求められるものの, あらゆる空間・加工・データを扱うことが可能となる. これによって, ①作業の効率化, ②関係者とのコミュニケーション向上, ③最適な意思決定, が可能となる.

　これまで述べたような人口や交通の統計は各種統計の HP 上に, また, 地図の基本となるような, 地形やインフラなどの GIS データ（図形データと属性データ）も, HP 上にアップロードされている（表5.5）.

　また近年では, スマートフォンやタブレットを使って, 独自に調査したデータを, GIS に格納して分析することも可能である.

文　献
土木学会 土木計画学ハンドブック編集委員会（2017）『土木計画学ハンドブック』, コロナ社
群馬県（2018）「群馬県交通まちづくり戦略」（最終閲覧日2021年12月27日）

第6章 地域観光のあらましを 数字で捉える

塩谷英生

観光まちづくりを推進するうえで，観光客数や客層，観光消費額などといった地域の観光市場の現状を知っておくことは重要である．また，どのような観光事業者がいて，地域経済への観光の貢献度はどの程度なのか，といった観光経済の重要度を把握しておくことが，観光振興へ向けた地域内の合意を形成していくうえでたすけとなる．

こうした基礎的な情報を客観的な数字として与えてくれるのが，「観光統計」をはじめとした統計データであり，それらの加工統計である経済波及効果などの指標である．

6.1 観光統計の体系とその活用

観光まちづくりの観点からは，観光に関する統計データを把握し，様々に活用していくことが求められる．ここでは，基本的な指標となる観光客数，観光消費単価といった数値に関する統計を中心に，その種類や活用方策について概説する．

a. まちへの来訪客数を調べる

自分達の住む地域にはどのくらいの数の観光客が来訪しているのだろうか．

来訪客の数を計測する方法にはいくつかあるが，その地域の地理的特性や主要な観光資源・施設の分布状況によって適した手法は異なる（表6.1）．また，来訪客全体の中で観光客としてカウントする範囲については，観光客の定義の仕方によって異なってくる．このことについては後で補足する．

表 6.1　来訪先別にみた来訪客数の調べ方

来訪先	調査方法	データ保有者	この調査が適した地域※
交通機関	発券数，交通拠点施設カウント数，アンケート（観光客比率）など	公共交通事業者，交通拠点施設	島嶼など出入口や交通手段が限られる地域
観光施設・観光資源	発券数，出入口カウント数，レジカウント数，駐車台数，アンケート（観光客比率）など	観光事業者・観光資源管理者	主要な観光施設や観光資源の数が限定的な地域
宿泊施設	宿泊者データ，宿泊者名簿，宿泊施設リストなど	宿泊事業者	温泉地など宿泊客が来訪客の中心である地域
商業施設・飲食店	商店街出入口カウント数，レジカウント数など	商店街組合，商業施設，飲食店組合	日帰り観光客が中心である地域
イベント・行祭事	出入口カウント数，発券数，交通手段利用者数など	運営・管理主体	桜祭など限られた時期の来訪客が多い地域

※事業者等が信頼性の高いデータを作成しており，観光統計への活用に協力的であることが前提

1）交通機関の利用者数

観光客の来訪は，陸路，海路，空路のいずれかである．島嶼地域への訪問客は，海路か空路によることが一般的であり，空海港の利用者数のデータか，主要な航空会社や船舶会社の利用者数のデータを入手することができれば，その数値から地元利用客をアンケートなどから別途推計して除外することで観光客数を推計することができる．

しかしながら，多くの地域では陸路による来訪客が中心となっており，その利用交通手段も，自家用車，貸切バス，路線バス，鉄道，自転車，徒歩などに分散している．

それでも，比較的交通手段に偏りがあり，駐車場や有料道路などのデータが利用可能であれば，主要な交通機関から来訪客数を試算することは有効といえる．例えば，観光バスの利用が多い地域であれば，観光バスの駐車台数と平均乗車人員などから来訪客数を試算し，別途アンケートなどで把握した観光バス利用客比率から全観光客数を逆算するような方法が考えられる．

2）観光施設や観光資源への来訪者数

地域への来訪客が一部の観光施設や観光資源に偏っているようなケースでは，それら施設・資源への来訪客数を基礎として全体の来訪客数を拡大推計する方法が効果的である．例えば，浦安市であれば，ディズニーリゾートの利用者数が地域全体への来訪客数のほとんどを占めていると考えられる．

ただし，この手法を取る場合には，主要な施設や資源の管理者が来訪客数のデータを提供してくれるか否かと，提供されるデータの精度が重要となる．

3）宿泊施設への来訪者数

ホテルの集積している都市や旅館街が形成されている温泉地など，「宿泊拠点」といわれるような地域では，宿泊客数を把握することが基本となる．また宿泊客は日帰り客に比べて消費単価が高いため，経済効果を把握する観点からも宿泊客の数は重要である．

宿泊客数の単位には，「宿泊者数（実宿泊者数などともいう）」と「延べ宿泊者数（延べ泊数などともいう）」がある．例えば，宿泊者1人が2泊すれば，宿泊者数は1人で，延べ宿泊者数は2人泊と計上される．

なお，無回答の施設を補完するために，地域における宿泊施設数，客室数，収容人員といった情報をあらかじめ収集し，これとアンケート標本から得られた客室稼働率や人員稼働率，平均泊数などの指標を用いて全体の宿泊客数を推計することも行われる．

宿泊客数のデータを収集するためには，宿泊事業者や旅館組合のような業界団体の協力が不可欠である．

4）商業施設や飲食店への来訪者数

大都市圏周辺の観光地や，宿泊施設の整備が進んでいない地域などでは，日帰り観光客が主要な客層となる．こうした地域では，飲食店や買い物目的の来訪客を把握することを求められることがある．

道の駅のような公的な色合いの強い施設では利用者数のデータが公表されることが多い．当該施設の支払いレジでのカウント数や駐車場利用台数の日別データなどを用いて，月次データや年間データが推計されることが多い．

商店街組合などの場合，データ作成の有無やその公開度はまちまちである．また，データの精度にも課題がある場合が多い．

こうした場合には，商店街の出入り口などでのカウント調査（人による計測，センサーカウンターなど）による推計や，観光や交通の拠点でのアンケートによって買い物場所や

飲食場所への立寄率を把握するといった作業も必要となる.

5) 観光客をどう定義するか

観光客の数を調べるうえでは, 観光客をどのように定義するかが重要である. 例えば, カウント調査によって来訪客数を推計できたとして, その中には従業員も含まれているだろうし, 地元の通勤・通学目的の通過客や日常的な買い物客がカウントされているかもしれない. そもそも地域住民の利用者を観光客とするのか, 観光客にビジネス客を含めるのか, といった点について明確に定義しておかないと, 統計の作成過程や統計を利用する段階で混乱をもたらすことがある.

参考までに, UNWTO (2010) では, "観光 (tourism) は, 日常の居住地外で非日常的な喜びを得る人の行動に関わる, 社会的, 文化的, 経済的現象である" と冒頭で述べており, 日常の居住地での活動は観光として捉えていない. ただし, 経済的な側面から, ビジネスや療養, 留学などを目的とする来訪客も観光客の範囲として捉えている.

一方で, 本書の目指す「観光まちづくり」の視点からは, 地元客による観光レクリエーションや各種レジャー活動についてもその活動実態をあわせて把握しておくことが重要と考えられる. その場合, 国際観光客統計や我が国の各種観光統計との比較分析を行ううえでも, 移輸出産業としての観光産業の貢献度を把握するうえからも, 域内客と域外客を区別して捉えておくことが必須となる.

b. 観光消費額と観光産業を調べる

たくさんの観光客が来ても消費に結びつかなければ清掃費などの地域負担だけが残ることになりかねない. その意味で, 観光消費額は観光客数以上に重要な指標といえる.

1) 観光消費の定義

観光消費額は, 観光客数に観光客1人あたりの観光消費額 (観光消費単価などともいう. 単位は円/人) を乗じたものとなる.

観光消費の国際的な定義については, やはりUNWTO (2008) が行っている. 観光旅行のための施行前後の支出, 観光旅行中に行われた財・サービスへの支出に加え, 別荘の費用 (帰属家賃) や政府の旅行補助金なども観光消費に含まれる.

観光消費の主な費目としては, 交通費, 宿泊費, 飲食費, 買い物代, 娯楽費 (入場料, 体験費用), ツアー参加費などがある. 地域観光の特性によって観光消費の傾向は異なる.

2) 観光消費額を調べる

地域の観光消費額を調べる方法は主にアンケート (ここでは調査票を用いた調査の意味) によるものである. アンケートの多くは観光客を対象に域内での消費額を聞くものだが, 観光事業者に対して観光消費額 (観光売上高) を聞くケースもある (表6.2).

表6.2　観光消費額調査のステップ

観光消費の拠点となる施設のリスト化
↓
消費内容や旅行内容の事前把握
↓
調査設計 (調査対象・調査票・調査方法の決定)
↓
協力要請 (調査員・調査場所の確保, 協力依頼等)
↓
調査実施 (調査の実行管理, 回答データの検票)
↓
データ入力・データチェック・集計作業
↓
レポート作成・調査結果の周知・共有

観光客向けの調査票作成や事業者調査の対象を絞り込んでいくためには, まずどんな施設でどのような消費が行われているのかの概要を知っておく必要がある. 観光消費の主な費目別に, 消費発生の拠点となっている施設

をリストアップすることが最初のステップとなる．そのうえで，調査設計などの準備を進め，精度の高いデータを取得する．

3）購入率と購入者単価

アンケートから，回答者1人あたりの費目別消費額とそれらを合算した総消費額が得られる．基本的にはこれらを観光客数に乗じることで域内での総消費額が推計される．

なお，得られた1人あたりの費目別消費額は，購入率と購入者単価を乗じたものとなる．宿泊費の例でいえば，宿泊サービスの購入率が50％で，宿泊サービスの購入者単価が1万円だとすると，1人あたり宿泊費は5千円となる．この非購入者（消費額ゼロの人）を含めた1人あたり消費額を，全体消費単価（円／人）などともいう．

アンケート設計によっては，さらにホテルや旅館などの種別に宿泊費を調べることもできる．買物代についても，細かな品目別に立ち寄った物販施設とそこでの購入額を聞くことで，品目別の全体消費単価を施設立ち寄り率，購入率，購入者単価の3つの要素に分解して分析することもできる．

4）地元客比率と需要の複層化

前述のように，観光客の内訳に地元からの来訪客を加えた方が良い場合もある．飲食店や物販施設などでは地元客比率が高い施設も多いことから，地元客と観光客の消費実態を比較分析することが有効である．

ただし，こうした施設で消費額のアンケートを行う場合，地元客比率を過少に見積もって，結果的に消費単価を過大推計してしまわないよう十分に注意する必要がある．

一般的にいえば，季節や天候，一過性のブームなどによる変動が大きい観光需要に過度に依存するより，比較的安定的な地元需要をベースとした方が，より健全な経営を行う

ことができる．需要複層化の視点から，地元客と観光客のニーズの違いや，交通手段や来訪する時間帯などの特性を把握しておくことが重要である．

地元客に人気のあるお店やメニューは，地域の観光資源ともいえ，観光客にとっても魅力的である．そうした観点から，地域住民の消費の特性や人気店を調べることで，観光の魅力を発掘していくことも重要である．総務省「家計調査」には，県庁所在地や政令市レベルで世帯平均の品目別の支出額のデータがあり，地域の消費の傾向を把握するうえである程度参考になる．

c. 観光統計の体系と主な統計

観光客数や観光消費額を調べる方法について述べてきたが，こうした指標を含む観光統計は，自治体や国の観光関連部署で作成・公表されることが多い．

1）観光統計の分類軸

それでは観光統計にはどのようなものがあるのだろうか．

表6.3　観光関連統計の分類軸

○対象市場
●旅行セグメント（属性別・旅行内容別※・行き先別・支出内容別など）
※交通機関，空海港，目的，活動，泊数，宿泊施設，訪問時期別，訪問回数，同行者，同行者数，旅行形態，予約・購入方法，情報源など
●産業セグメント（業種別・施設タイプ別・施設規模別・従業員数別など）
○調査地域（海外／全国／地域／地点）
○調査対象（観光客／消費者／専門家／事業者／公的機関 など）
○調査手法（カウント／アンケート（自計／他計）／記録・報告・ログ など）
○抽出方法（悉皆調査／標本調査）
○調査規模・精度（標本数，標準誤差率）
○調査周期（年度，暦年，四半期，月次，旬・週，曜日，毎日）
○公表時期・公表方法
○調査主体・実施機関（国／自治体／公的機関・NPO／民間）
○一次統計・二次統計（加工統計）

観光統計を分類する軸としては，調査対象の単位，対象地域，調査主体，調査手法など様々な区分を挙げることができる（**表6.3**）．

表6.4は，これら分類軸から「調査地域」×「調査対象」の二軸を選び，観光統計を4つに分類して整理したものである．

2）国の観光統計・関連統計

国の調査は全国規模で行われており，日本の消費者を対象とする調査としては，観光庁の「旅行・観光消費動向調査」や総務省の「家計調査」，外国人を対象とした調査に「訪日外国人消費動向調査」などがある．民間の調査も行われており，国内旅行市場では「JTBF旅行実態調査」，訪日旅行市場では「DBJ・JTBFアジア欧米豪訪日外国人旅行者の意向調査」などが実施されている．

事業者を対象とした調査のうち，観光庁の「宿泊旅行統計」は，我が国の宿泊事業者から調査期間中の宿泊客数などを聞くアンケートで，都道府県別に日本人／外国人別や国籍別の集計表が公表されている．

観光事業者の売上高や雇用者数，設備投資などについては，財務省の「法人企業統計」，総務省の「経済センサス」「産業連関表」などの統計から，観光関連産業部門の数値を参照して利用することになる．

観光庁の「主要旅行業者の旅行取扱状況」などは，「業務統計」とも呼ばれ，官庁に報告された資料などを集計するもので，調査票を用いて行われる「調査統計」とは区別される．業務統計には，「鉄道輸送統計」「航空輸送統計」「出入国管理統計」「貿易統計」など観光と関連する統計も多い．

3）地域で利用される観光統計・関連統計

すでに述べたように地域への観光客数や観

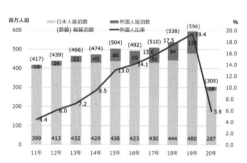

図6.1 我が国の延宿泊者数と外国人比率の推移
[観光庁「宿泊旅行統計」より]

表6.4 観光関連統計の分類（調査地域×調査対象）

	旅行者調査・消費者調査	全国事業者調査
全国調査・国際調査	・「旅行・観光消費動向調査」観光庁 （日本人の旅行消費額調査） ・「家計調査」「消費者物価指数」総務省 （宿泊費・パック旅行費，宿泊単価など） ・「国民生活に関する世論調査」内閣府 （国民のレジャー・余暇意欲） ・「JTBF旅行実態調査」「観光の実態と志向」（国内旅行志向等に関する民間調査） ・「訪日外国人消費動向調査」観光庁 （外国人の消費額調査） ・「DBJ・JTBFアジア欧米豪訪日外国人旅行者の意向調査」（発地国での訪日意向調査）	・「宿泊旅行統計」観光庁 （宿泊数調査．地域別・国籍別集計あり） ・「法人企業統計」財務省，「建築着工統計」国土交通省　（宿泊業の設備投資） ・「経済センサス」「経済構造実態調査」総務省 （地域・産業別の事業者数，売上高，従業員数） ・「産業連関表」総務省 （投入産出表，雇用表，マージン表） ・「主要旅行業者の旅行取扱状況」観光庁 （旅行会社の取扱額：業務統計） ・「The Travel & Tourism Competitiveness Report」WEF　（国際観光競争力指標）
	来訪客への調査	域内事業者調査・観光地調査
地域調査	・来訪客数カウント調査・流動調査 （調査員カウント，レジカウント，センサーなど） ・観光客調査［客層，旅行内容，満足度，情報源，消費額等］（調査員調査，Web調査など） ・ビッグデータ・ICT利用データ等（基地局データ，GPSデータ，Webログ，口コミ数，検索数など）	・観光客数調査・宿泊客数調査 （アンケート，ヒアリングなど） ・観光産業調査・経済効果調査 （観光売上高，域内調達率，従業員数など） ・「産業連関表」都道府県・政令市など （投入産出表，雇用表）

［塩谷作成］

光消費額を推計するために，来訪する観光客に対するカウント調査やアンケート，あるいは事業者アンケートなどが行われる．実施主体は，県や市町村などの自治体などが多いが，観光協会やイベントの実行委員会，旅館組合などによる調査も行われる（**表6.4**）．

また，都道府県や一部の政令指定都市が作成する「産業連関表」や「県民所得統計」「市町村民所得統計」などに公表されている観光関連産業の数値が利用できる場合もある．

なお，国や民間の観光関連統計の中には，地域別の区分のある統計もあり，自治体が活用できるケースも多い．観光庁の統計では，「宿泊旅行統計」と「訪日外国人消費動向調査」で都道府県別の集計が行われている．「旅行・観光消費動向調査」では，調査精度の制約から，訪問先の地域ブロック別（運輸局単位）の集計が主となっている．

d. 観光統計の活用領域

そもそも観光統計はなぜ必要とされるのだろうか．

観光統計の大きな役割は，正しいデータに基づき，「観光地の課題を可視化して関係者間で共有する」ことと，「課題解決のための施策立案とその意思決定を支援する」ことである．これにより，観光地づくりの円滑な推進が期待できる．つまり，観光統計は，観光地を望ましい方向へと動機付けていく有力なツールということができる．

1）観光市場・産業の計測・分析

観光地への来訪客数，観光消費額，経済波及効果，観光雇用などの主としてマクロ的な指標を作成し，観光地の置かれている状況を把握・分析し，将来目標を設定することは，観光統計の中心的な使途といえる．

観光客数の時系列的な増減傾向は端的に観光地の置かれている状況を把握することに役立つ．他地域の指標との比較も同様である．また，観光売上高や観光雇用のような地域におけるマクロ経済指標は，観光の地域経済における重要度をはかる指標となる．

表6.5　各種観光施策の立案で作成される指標と必要となる調査データの例

観光統計の使途	作成指標	主な調査事項や関連データ	手法・作成基準など
観光宣伝の推進	知名度，好感度，訪問意向，来訪経験率．利用情報源．SNS指標，ブランド力など	発地／着地の情報源，来訪動機，観光地イメージ，満足度，客層などのデータ	AIDMA，カスタマージャーニー等による広告効果測定．
施設整備計画の策定	予想利用者数，予想稼働率，予想売上高，予想損益など（整備機能，立地等別）	類似施設の利用動向，利用料金の希望，消費単価，観光流動，客層など	フィジビリティスタディ，回帰分析など
イベント計画の策定	予想イベント来訪客数，駐車場利用率，予想観光流動，滞在時間など	観光客数（客層別），宿泊客数，交通機関，来訪意向．類似イベント実績	需要予測モデル，費用便益分析
交通計画の策定	予想交通需要，交通路線整備や拠点施設整備の効果など	利用交通機関，観光流動，滞在時間，客層など	交通需要予測モデル，費用便益分析
地産地消の推進	食材や物産の域内調達額・調達率（目標）	産業別域内調達率，特産品の購入率，認知率，イメージなど	事業者調査，産業連関表，消費者調査など
環境保全計画の策定	規制等の施策による需要への影響，環境負荷の軽減効果など	環境保全地区の観光客数・滞在時間，混雑度，環境指標など	観光資源評価，環境負荷等の分析
観光税導入の検討	予想観光客数増減，課税対象観光客数，予想税収，観光税の周知地点など	支払い意向，観光客数（客層，利用交通機関，泊数など，交通機関・流動など	CVM，観光税の価格弾力性分析など
事業の評価	観光客，消費額，商品造成，人材育成，交流人口，物産などのブランド化など（評価軸は多様）	観光客数，消費単価（地区別，期間別，見込み客層，旅行内容別など）	各自治体の行政評価の要綱など．費用便益分析

［塩谷作成］

こうした指標を広く公表し，地域の関係者の間で問題意識や将来目標を共有することが，観光施策を進めることへの理解や，そのための財源の必要性を訴求することにつながる．

2）観光施策の立案・評価

個別の観光施策の企画立案や事業評価を行うための基礎資料としても観光統計は活用される．

施策の例としては，観光宣伝計画，施設整備計画，イベント計画，地域交通計画，環境保全計画，地産地消の推進，観光税導入の検討などを挙げることができる．表6.5は，各種施策ごとに必要とされる指標と統計調査で質問すべき事項や収集すべき関連データ，調査分析の手法などを例示したものである．また，これら諸施策の目標達成度を統計指標によって把握して評価することも観光統計の役割になる．

3）マーケティング活動の支援

観光統計には，民間事業者の経営やマーケティングを支援するデータとしての用途もある．すでに述べた地域の市場規模や，客層に関するデータは，民間事業者の意思決定においても活用可能なものである．

表6.6 来訪客属性・旅行内容などの分類

○来訪客属性
国籍，居住地（県，市町村など），性・年代，職業，年収，その他
○旅行内容
来訪時期，来訪目的，活動，同行者，同行者数，利用交通機関，立寄地点，観光ルート，滞在時間，泊数，宿泊地・宿泊施設，宿泊施設タイプ，土産品購入場所，情報収集の場所，情報収集デバイス，旅行会社の利用など
○消費額
ツアー参加費，交通費（域外，域内），宿泊費，土産代，飲食費，入場料・娯楽費，その他
○満足度，競争力，情報収集など
来訪回数，来訪頻度，情報源（発地／着地），満足度，再訪意向，競合観光地，ロイヤルティ，その他

[塩谷作成]

例えば，地域全体の観光客数や観光消費額は自施設の立寄り率や売上のシェアの分析に役立つ．観光客へのアンケートから得られる観光客の客層（属性，同行者，来訪回数，交通機関，旅行内容，満足度など），域内での観光流動（ルート，コース，立寄地点）といった情報も自らのポジショニングを知る材料となる．発地の消費者調査から得られる，旅行の情報源や，競合する観光地の情報なども民間事業者のマーケティング活動に有益といえる（表6.6）．

行政などが，旅行会社の商品造成や送客情報，検索エンジンなどから把握される地域への短期的な来訪予測のような動態情報を定期的に発信することも，観光事業者の参考になるだろう．また，観光振興の長期計画の発信は事業者の設備投資計画に影響を与える．

e. 観光統計作成における留意点

信頼できる観光統計を作成するためには，「母集団の実態を反映した標本調査が行われているか」，「十分な精度が得られる標本数が確保されているか」，「統計作成の過程が適切に管理されているか」，といった点に十分配慮する必要がある．

観光客全体を母集団とした場合に，統計調査の標本に偏りはないかについて，例えば，交通機関，調査地点，季節・曜日・時間帯，調査現場での無作為性確保の観点から検討が必要である．事前に既存資料やヒアリング，現地視察などから地域観光の実態を把握し，可能であれば予備調査を行って調査設計の改良を行うことが望ましい．

適切な標本設計が行われた場合でも，統計の信頼性を確保するには十分な標本数が必要である．標本の誤差の大きさを示す指標である「標準誤差率」は，例えば標本数を2倍に

すると$1/\sqrt{2}$ぶん小さくできる．しかし，調査担当者は一方で，調査コストの抑制にも配慮しなければならない．

　さらに，標本誤差以外にも，回答者の誤回答や調査員の記入ミス，データ入力のミスなど統計作成の各段階で生じる様々な誤差がある（非標本誤差ともいう）．統計の品質を担保するためには，ミスの生じにくい調査票の作り込みや，調査員への事前オリエンテーション，データ集計時の誤回答チェックなどに細心の注意が必要である．

　統計ユーザーの側においては，利用している統計が，どのような対象にどんな方法で調査を行っているかについて，予備知識を持つことが必要である．他の類似調査などの結果と比較することで，当該統計の偏りや誤差の程度を把握しておくことも重要である．

　同時に，統計を編纂する担当者にも，統計調査の結果が誤った解釈をされ，一人歩きしないよう，わかりやすくて丁寧なリリース資料を適時に作成・発信することが望まれる．

6.2　観光の経済効果と経済効果調査の実際

　観光の経済効果の向上は，観光事業者やその従業員をはじめ，地域住民，地域産業，行政など幅広い利害関係者にとって重要な目標となる．本節では，観光の経済効果の概念について述べるとともに，その向上のための施策体系について整理する．また，経済効果の調査・推計方法の骨子についても触れる．

a．経済効果とは何か

　経済効果という言葉はいろいろな場面で使われるが，その意味するところは幅広い．
　新聞記事などでは，単に観光消費額や設備投資額を捉えて経済効果と呼ぶケースもある．しかし，地域全体への経済効果を捉えるためには，原材料の域内調達などを通じて発生する波及効果を含めて捉えるべきである．

　観光の経済効果のスタートとなる支出項目の中で最も大きなものは観光消費であり，日本全体では2019年で29.2兆円と推計されている（観光庁，2021）．支出する主体で分類すると，観光消費は，域内客，域外客（日本人），域外客（外国人）に分けられる．

　観光消費に次ぐ支出項目は観光設備投資であり，同じ資料から観光産業全体で12.0兆円とされる．ただし，交通産業や宿泊産業も観光客の需要だけで成り立っているわけではなく，この数値には地元客などの非観光需要に対応する部分も含まれている．

　観光設備投資は，政府のものと民間のものに分けられ，前者には，空港や鉄道などの交通インフラや，道の駅や社会教育施設など公共が行う観光関連施設の整備費が含まれる．

b．観光消費の域内への波及

　ここでは，観光施策の目標とされることが多い観光消費について，その波及構造について述べる．

　まず，観光消費がもたらす地域への経済効果をごく簡単に図式化すれば，①観光客数，②観光消費単価，③域内調達率（および域内雇用率）の相乗によって形成されている．①と②を乗じたものが，地域の観光消費額である．

　観光消費額は，観光事業者側からみれば観光客からの売上高にあたり，観光事業者の集合体である「観光産業」における生産額にあたる．観光産業の生産額は，観光産業が自ら産み出した付加価値と関連産業からの中間投入（原材料やサービスなど）に大別される．

観光消費額が高くても，中間投入の域内調達率や，域内付加価値率が低ければ，域内への波及効果は低くなる．

図6.2は，宿泊施設や交通機関などの観光産業で発生した観光消費額が，中間投入や給与の形で域内に循環すると同時に，域外調達や域外消費を通じて地域外に漏出する構造を示したものである．

例えば，旅館や飲食店などの食材として域外産のお米や野菜を使ったとする．この場合，原材料購入を通じて地域内に発生する波及効果は，域内事業者の商業マージンと輸送サービスに留まり，地域内の農業者に恩恵はない．このことは，広告や金融などの対事業者サービスの中間投入についても同様である．所謂「ゆるキャラ」や「B級グルメ」の優れている点は，広告費の域外漏出をある程度抑制できることである．

また，売上高の付加価値部分についても，域外資本が保有・運営する施設では，利益が域外への移転所得や配当として漏出する．また，居住地が域外である人を雇用した場合も，域外に人件費が漏出することになる．

さらに，域内の事業者から原材料を調達した場合であっても，調達先の域内事業者が域外から中間投入を行っている場合は，マージンを除いて域外に漏出する計算になる．ある

いは，事業者から域内の雇用者に支払われた給与であっても，その雇用者の買物する先が専ら域外の小売店であれば，家計を通じて発生する消費額が域外に流れることにつながる（雇用者所得効果の減少）．

これらのことから，経済効果を地域内に留め置くためには，波及効果の受け皿となる多様な産業がしっかりと根を張っていることが重要である．換言すれば，地域経済が自立性を備えていることが鍵となる．

観光は多様な産業から成り立ち，また幅広い産業に波及するという特性から，地域経済のハブとして一定の役割を果たしうる存在であり，その長所を活かしていくことが観光産業に期待されている．

c. 経済効果を高める

経済効果は，1）観光客数，2）観光消費単価，3）域内調達率（域内雇用率）の相乗効果として現れる．経済効果を高めるには，各要素を点検し，向上させていく必要がある．

1）〜3）のすべてが高いという地域はむしろ少なく，地域ごとの観光資源や産業の特長を踏まえ，経済効果を高めるための諸施策をバランス良く立案していくことが望ましい．例えば，2010年代半ばのインバウンド市場の黎明期においては，観光客数の拡大に偏っていた自治体が多かったと考えられる．

図6.3は，経済効果の3つの要素を軸に，

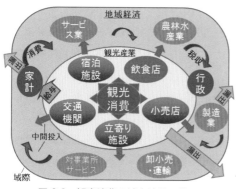

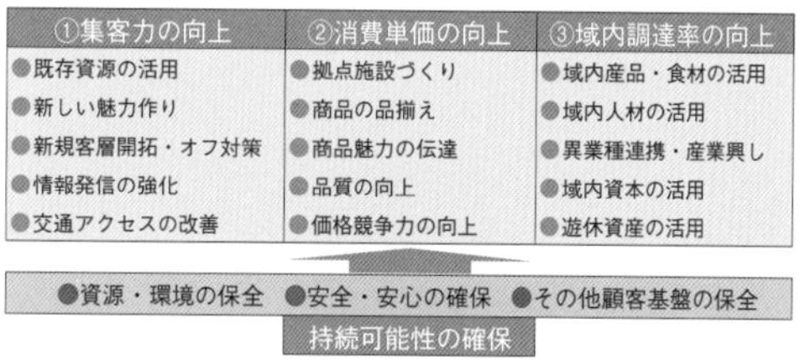

図6.2　観光消費の域内波及の構図
［筆者作成］

①集客力の向上	②消費単価の向上	③域内調達率の向上
●既存資源の活用	●拠点施設づくり	●域内産品・食材の活用
●新しい魅力作り	●商品の品揃え	●域内人材の活用
●新規客層開拓・オフ対策	●商品魅力の伝達	●異業種連携・産業興し
●情報発信の強化	●品質の向上	●域内資本の活用
●交通アクセスの改善	●価格競争力の向上	●遊休資産の活用

●資源・環境の保全	●安全・安心の確保	●その他顧客基盤の保全
	持続可能性の確保	

図6.3　経済効果向上施策の体系
※ただし1つの施策が重複する効果を生むことも多い．
例えば，域内食材の活用は①②③いずれにも関連する．
［筆者作成］

経済効果向上施策を分類し，体系的整理を試みたものである．以下で1），2），3）の順で概述する．

なお，観光資源や環境の保全，安全・安心の確保など，観光地の持続可能性の前提となる諸施策を経済効果向上施策の基盤に置いている．これらの施策にも人的コストを含めて十分な財源の手当てが必要となる．

1）集客力の向上

地域の観光資源は集客力の源泉である．広義の観光資源の範囲には，自然資源や人文資源を超えて，観光施設や観光サービス，地場産品や食材，地域の風土・産業景観や人物，方言なども含まれうる．

図6.4　花を活かした平準化（富士河口湖町）

集客力を高める施策としては，既存の観光資源を再評価し，その利活用を進めることがまず重要である．加えて，新しい魅力づくりや，観光客や旅行会社などにとって利用しやすい「商品」としての作り込みを行うことが重要である．また，新しい客層やイベントなどによって，オフシーズンを底上げして平準化を図ることも効果的である（図6.4）．

一方で，どんなに優れた資源があっても，その魅力が認知されていなければ旅行先の選択肢に並ぶことはない．このため，観光推進組織の多くで観光宣伝が施策の柱となっている．1990年代までは，マス媒体でのパブリシティ，パンフレット，着地イベントなどが中心であったが，インターネットの普及に伴い，ホームページやWi-Fiの整備，SNSの活用，ブロガーの招聘など，施策の幅も広がってきている．

交通アクセスの確保も宣伝同様に重要な施策である．とくに外国人によるFIT（個人手配旅行）が増加する中で，その重要性が高まっている．単に交通手段の確保だけでなく，交通拠点施設を含めた移動の快適性や景観などにも配慮が必要である．

2）消費単価の向上

観光庁（2021）によれば，2019年における外国人客を含めた旅行中の観光消費額25.5兆円の主な費目別内訳は，交通費9.1兆円，宿泊費5.5兆円，土産代・買物代4.8兆円，飲食費4.0兆円，入場料・娯楽費・その他1.8兆円となっている．

これら各費目の消費を促進するうえでは，まず消費する「場」を地域に整備することが不可欠である（図6.5）．観光客数が増えても，宿泊施設が少ない地域や，買物，飲食，観光体験などの機会が少ない地域では，経済効果は小さくなり，観光客向けの財政負担だけが残るということになりかねない．道の駅や免税店のような物販の拠点施設を適所に整備し，飲食や体験の機能を付加することや，宿泊・観光立寄施設の誘致などを地域の実情を踏まえて検討する必要がある．

施設があっても，買物，飲食，体験などの購入率，購入者単価が低ければ，消費額は伸びない．商品・サービスの品揃え，決済手段の提供，店頭での試食や実演なども含めた地場産品の魅力の伝達などが重要である．関連施策として，物産に関するイベント，認証制度，人材育成などもしばしば行われる（図6.5）．

さらに，商品・サービスの品質向上，優れ

図6.5 町歩きと相性が良い甘味処（金沢市ひがし茶屋街，筆者撮影）

図6.6 駅カフェで地場産品を提供（会津若松市）（筆者撮影）

たパッケージングなどを進めてブランド力を高め，価格競争力の向上や，域外への移輸出につなげていくことは長期的な目標といえる.

3）域内調達率の向上

前述のように，中間投入における域内調達率や，域内付加価値率を高めることによって，経済循環が域内で盛んとなり，波及効果が高まっていく.

地場産品や農林水産品に関しては，加工品開発，生産・流通・宣伝の支援，人材育成・定住促進，高齢者などの潜在的な人的資源活用といった施策がある（図6.6）.

事業所サービスなどの中間投入についても，域内の広告・デザイン，物流，清掃サービス等の周辺産業の育成・支援，食材や燃料などの共同調達事業など様々な施策が考えられる.

また，観光産業の付加価値を構成する営業余剰や人件費（家計所得）からの域外漏出を抑制するには，域内資本や遊休資産の活用支援，商店街の利用促進施策なども効果を持つ.

d. 経済効果調査の実際とその意義

誘客，消費，域内調達の3つの観点から経済効果向上のための施策の体系について概説した．現地調査・ヒアリングや既存統計の整理などを進めるうえでは，観光経済の改善の

ために今地域に何が不足しているのかという視点を持ってあたることが大切である.

そのうえで，可能であれば，こうした諸課題を包括的に明らかにするために「経済波及効果調査」を実施することが望ましい.

観光消費の経済効果の推計には，前記のように「観光客数」「観光消費単価」「域内調達率」に対応する統計データが必要であり，そうしたデータが用意されていない場合には，調査によって補うことが必要となる.

以下では，経済効果調査の構造について簡単に紹介する.

1）観光客数，観光消費単価の把握

「観光客数」については，1990年代までは地域の観光統計の調査手法や集計単位もまちまちであったものが，観光庁の「観光統計基準」が整備されたことで，都道府県レベルで観光客数の比較可能性が向上した．また，「宿泊客数」については観光庁の「宿泊旅行統計」が整備されている.

しかし今でも地域の観光統計をそのまま鵜呑みにして使うのは危険である．「そのデータはどんなデータなのか」を記述する情報（metadataともいう）を吟味したうえで推計に用いることが重要である．とくに日帰り客のデータについては，観光客の範囲やイベントの人出などの信ぴょう性に注意が必要であ

る．実態としてはかなりの地域で，観光客数のデータを修正または補完するための追加調査が必要となる．

「消費単価」については，市町村レベルでは統計調査が行われていないことが多く，また都道府県レベルでも細かな費目別の数値までは聞いていないケースが多い．したがって多くの場合，経済効果調査の枠組みの中で，観光客に対する追加的な消費額調査を実施することになる（観光客数の推計に役立つ設問を組み合わせてアンケートを行うことが多い）．

2）経済効果の推計

最終的な経済効果の推計は，その地域における産業連関表の有無によって，産業連関表による計算を行うか，乗数モデルによる計算を行うかが異なってくる．

産業連関表は，国内や地域において1年間に行われた財・サービスの産業間取引を行列として示す表である．ワシリー・レオンチェフが考案したことで知られる．産業連関表には移輸入額のデータが含まれており，「域内調達率」のデータを得ることができる．

乗数理論を用いた推計では，観光産業の付加価値率や域内調達率のデータを得るために，事業者アンケートを行う必要がある．

産業連関表による推計

産業連関表の「取引基本表」では，縦方向に各産業部門の投入額（各産業からの食材やサービスなど中間財の購入額）と雇用者所得や営業余剰などの付加価値額を記述している．横方向には，各産業部門の産出額（各産業への販売額）と家計や政府など最終需要部門への販売額及びその部門の生産額から除かれるべき移輸入額が記述される．

国の産業連関表には附帯表として，各産業の雇用者数を掲載した「雇用表」や，購入者価格と生産者価格の差額にあたる「商業マー

ジン表」「国内貨物運賃表」などが作成されているが，都道府県レベルでは「雇用表」のみが作成されている例が多い．

「取引基本表」を用いて，各産業部門に生じる観光消費額を最終需要部門に挿入することで，生産波及効果が計算される．また，雇用表から，各産業の生産額あたりの雇用者数を計算して，これを各産業の生産波及効果の額に乗じることで雇用効果が計算できる．

産業連関表による生産波及効果の推計は，国の例では，下式のようなモデルで行われている（雇用者所得が家計消費を通じて波及する二次間接効果を含む）．

$$\begin{bmatrix} I-(I-M)A & -(I-M)C \\ -V & 1 \end{bmatrix}^{-1} (I-M) \begin{bmatrix} F \\ 0 \end{bmatrix}$$

> I：単位行列（64行64列）
> A：投入係数表（64行64列）
> M：輸入係数行列（64行64列の対角行列）
> F：直接効果（64行1列）
> V：雇用者所得／国内生産額（1行64列）
> C：家計消費の消費性向を連関表最終消費額の業種別構成比で配分した行列（64行1列）

64部門の設定は，観光産業についてはできるだけ細かな分類を採用し，製造業など他の産業については大まかな分類とすることで分析しやすいサイズとしたものである．

輸入係数Mが大きい産業部門では，経済波及効果が小さくなる．雇用者所得が家計消費に回る雇用者所得効果についても，消費する品目の輸入係数が高ければ同様である．

乗数モデルによる推計

市町村の多くは産業連関表を保有していないため，経済波及効果の推計に乗数モデルによる推計が行われることが多い．

ここでいう乗数とは，観光消費額に対して何倍の売上高が波及効果として地域に生じる

かという係数である．乗数理論にはいくつかのモデルがあるが，基本的には観光事業者の売上高に占める原材料や燃料などの中間投入比率や，中間投入額に占める域内調達率などのパラメータを用いて，等比級数の和を計算する形式をとる．

乗数効果による経済効果推計のためには，事業者アンケート調査などにより，売上に占める観光客比率，粗利益率，原材料などの域内調達率や，域内雇用比率を明らかにすることが必須となる（表6.7）．なお，経済効果向上施策を立案に資するために，域内調達の阻害要因や観光振興施策に関する意見などを調査項目に盛り込むことも有益である．

表6.7 事業者アンケート実施の実際

◆調査対象の決定
・宿泊，交通，飲食，観光立寄り施設，土産品店など
◆事前にヒアリング調査・視察調査を実施
・観光関連団体，主な観光事業者が対象
・客層，季節波動，雇用，政策課題などなどの情報を収集し，調査票，調査設計，データチェックなどの参考とする
◆質問項目
・収支状況（売上，中間投入，人件費など）
・域内調達率，域内雇用者数
・売上に占める観光客比率
・域内調達の阻害要因・施策のアイディアなど
◆調査の実施には観光協会や商工会などの協力を得る

3）経済効果調査のアウトプット

経済効果調査は，観光統計の体系において王様的な位置付けにあるといってよい．コストも大きいが，それに相応しいアウトプットをもたらす調査でもある．

観光産業の規模の把握と重要性の可視化

経済統計には「観光産業」という区分はなく，運輸業やサービス業といった様々な産業に広く薄く分散している．経済波及効果調査は，このような目に見えない産業の貢献度を明示することができる．

経済効果調査の結果を踏まえた観光計画の策定を行うことで，産業界や地域住民，行政関連部署との合意のもとで，観光政策を円滑に推進しやすくなる．また，そのために必要な観光予算への理解も得やすくなる．

多様な利害関係者との間で認識を共有するためには，精度の高い統計のもとで「なるほど」と思わせる信頼性のある数字を推計することが大切である．

施策立案やマーケティングへの活用

経済効果調査の枠組みで行われる観光客調査のアウトプットは，観光客数や消費額に留まらない．観光客の属性，交通機関，観光客流動，情報源，満足度，再訪意向など，実に様々な情報が含まれ得る．これにより，一元的なデータセットを用いて様々なセグメント別の分析を行うことが可能となる．

同様に，事業者調査についても，売上高や域内調達率などの情報以外に，事業者のプロフィール，客層，雇用，外国人客対応状況，経営環境の評価，観光施策への要望など，様々な情報を得るツールになりうる．

これらの情報を活かしつつ，すでに述べたような，物販施設の需要予測といった諸施策立案の基礎情報や，民間観光事業者にとってのマーケティング・データとして調査結果を活用することも重要である．

文 献

UNWTO（2010）*International Recommendations for Tourism Statistics 2008*

UNWTO（2008）*2008 Tourism Satellite Account: Recommended Methodological Framework*

観光庁（2021）「旅行・観光産業の経済効果に関する調査研究（2019年版）」

塩谷英生（2019）観光の経済効果向上のための施策と財源，観光研究，30，2

総務省（2020）「平成27年（2015年）産業連関表（－総合解説編－）」

第7章　地域の制度・政策・計画
　　　　を知る

十代田　朗

　本章では，観光まちづくりに関連する法・制度・政策・計画の存在を認識しその役割を理解することからはじめる．実際に観光まちづくりを進める際の手順に沿って構成している．最初に大枠として，調査対象地の行政的位置付け，地理的・空間的位置付けを知る．次にその地がどの土地利用区分に属するのかを把握し，各区分に関する法・制度を理解していく．さらに観光関連の施策・計画を踏まえたうえで，対象地内の様々な地域資源に関連して歴史文化，自然，商業，農業といった分野別に法・制度・政策・計画を学ぶ（表7.1）．

7.1　観光まちづくりと法・制度・政策・計画の役割

　観光まちづくりを行う地域に関連する法・制度・政策・計画を把握するにあたって，まず観光まちづくりを支える法・制度はあるのかということになるが，直接的に作用するものは存在しないといってもよい．観光に関連する法律としては，観光立国推進法，旅行業法，宿泊業法などがあるが，観光が展開される空間や地域を直接的に対象とする法はない．また制度・政策・計画も少なく，いわゆる「観光計画」は法が定める計画ではない．

表 7.1　観光まちづくりに関連する主な法・制度・計画

	都市部	農村漁村部
総合系	総合（基本）計画，住民憲章，まちづくり条例	山村振興法
土地利用系	国土利用計画法（計画），都市計画法（区域・都市マスタープラン），立地適正化計画	農業・農村基本計画，集落地域整備法
観光系	観光振興（産業）計画，コンベンション法，外客誘致法	
歴史文化系	文化財保護法，歴史まちづくり法（歴史的風致維持向上計画）	
景観系	景観法，景観条例	
自然・環境系	河川法，湖沼法，海岸法，都市公園法，都市緑地法，生産緑地法，緑のマスタープラン	自然公園法，自然環境保全法
産業系	中心市街地活性化法（計画），大店立地法，商店街振興計画，工業振興計画	農業振興法，森林法
施設系（建物）	建築基準法，不動産取引関連法，空家法，消防法	
（食）	食品衛生法	
（宿泊）	民泊新法等各種宿泊業法	
（その他）	温泉法	
その他	環境計画，福祉計画，災害関連法，道路交通法	

しかしながら，観光まちづくりはまちづくりの一種であるのだから，まず，そのまちで，人々がどのような生活を営んでいるのか，どのような空間を構成しているのか，といったことを把握することは不可欠である．同時に，そのまちの様態はどのような法・制度・政策・計画のもとで成立し，維持され，将来像が描かれているのかは常に考慮していく必要がある．

したがって，観光まちづくりだけに関連するというよりは，まちづくり一般に関連する法・制度・政策・計画も扱うことになる．

一般にまちづくりに関連する法・制度・政策・計画には法的拘束力がある規制・許可系，法的拘束力はない考慮系，地域の事業への補助金などの支援系と，様々なタイプがあり，所管もバラバラである．上位下位関係がある場合もあるが，秩序なく運用されているものも多い．観光関連ではこの傾向がとくに強く，このことが効果的かつ効率的な観光振興の妨げになっているといってもよい．さらに観光まちづくりは，人口減少社会において，都市部，とくに中小都市では中心市街地の空洞化問題，農村部では過疎問題への対応策として期待されている．そのため前者では数々の商業系活性化策，後者では農林水産業系活性化策との連携が不可欠になってくるであろう．これらのことを念頭に置きつつ本章を進めていく．

7.2　調査対象とする地域・地区の行政的位置付けを知る

最初に対象地域が含まれる市区町村に総合的に関連する法制度・政策・計画の概要と留意点を述べる．

a. 総合 (基本) 計画

「総合計画」とは，市区町村における最上位計画であり住民全体で共有する自治体の将来目標や施策を示している．一般的には，おおむね10年間の地域の将来目標や目標達成を示す「基本構想」，具体的施策を示す「基本計画」，5年程度の具体的事業を示す「実施計画」で構成されている．かつては地方自治法において市区町村に対し総合計画の基本部分である「基本構想」について議会の議決を経て定めることが義務付けされていた．しかし2011年に基本構想の法的な策定義務がなくなり，策定および議会の議決を経るかどうかは市区町村の独自の判断に委ねられることとなった．しかし，現在でも多くの市区町村で策定されており行政計画の最上位であることに変わりはない．

総合計画が描くそのまちの将来像やそれを達成するための目標は，まちづくりの目標や基本方針を定めるにあたって常に考慮する必要がある．とくに総合計画の分野別構想や地域別構想を観光に関する記述に注意を払いながら丹念に読む．また観光に関する記述がみられなかったとしても，地域別構想で指摘されている観光まちづくりの対象地域の特徴や課題はよく理解しておく．

b. その他

また「住民憲章」も，1つの自治体に住む住民が互いにつながりをもって，より良い生活を築こうという考えの表明であり，その理念は尊重しなければならない．

7.3　調査対象とする地域・地区の地理的・空間的位置付けを知る

土地利用に関連する法・制度・政策・計画

の概要と留意点を述べる．対象地域の土地利用について知ることはもちろんだが，その土地の将来像についてどう描かれているのか，どのような規制がかかっているのかを理解しておくことも重要である．我が国の土地利用にかかる法・計画を国土，地域，地区とスケールの大きさの順にみていくこととする．

a．国土土地利用計画法における位置付け

まず国土スケールであるが「国土土地利用計画法」が基本となる．土地利用の最上位法制度である．国，都道府県が「土地利用基本計画」を立て，下記の5地域に土地利用の方向性を区分している．

第三章　土地利用基本計画等
（土地利用基本計画）
　第九条　都道府県は当該都道府県の区域について，土地利用基本計画を定めるものとする．
　2　土地利用基本計画は，政令で定めるところにより，次の地域を定めるものとする．
　　一　都市地域　二　農業地域　三　森林地域
　　四　自然公園地域　五　自然保全地域
※都市地域は，一体の都市として総合的に開発し整備し及び保全する必要がある地域とする．農業地域は，農用地として利用すべき土地があり，総合的に農業の振興を図る必要がある地域とする．森林地域は，森林の土地として利用すべき土地があり，林業の振興又は森林の有する諸機能の維持増進を図る必要がある地域とする．自然公園地域は，優れた自然の風景地で，その保護及び利用の増進を図る必要があるものとする．自然保全地域は，良好な自然環境を形成している地域で，その自然環境の保全を図る必要があるものとする．

対象地域の土地利用を考えるときには，5区分のどこに属しているかで関連する法律や計画が異なってくるので，まずそれを確認する必要がある．

b．都市地域が対象となるケース

都市地域（都市計画区域）に属する地域は，1）中心の市街地を核とし，一体の都市として総合的に整備，開発又は保全すべき区域「市街化区域」，2）新たに開発，保全する必要がある区域「市街化調整区域」，および「非線引き区域」に分けられ，主に都市計画法を中心とした都市計画関連法・計画が適用される．また都市計画区域に準じて法律が適用される準都市計画区域もある．

都市計画区域には，整備，開発および保全の方針を定めた「都市計画区域マスタープラン」（通称：区域マス）が定められるが，観光まちづくりにおいて重要となるのは基礎自治体がつくる「市町村マスタープラン」であろう．

その内容は「住民の意見を反映しつつ，まちづくりのビジョン（方針）を明らかにするもので，市町村が定める個々の都市計画（地域地区等）は，当該方針に即したものでなければならない」とされている．市町村のまちづくりの基本方針などが示され，区域区分（通称：線引き）や用途，防火，形態，景観，緑といった観点から地域地区は定められる．例えば，用途地域は13地区（＋田園用途地域）に分けられ建築物の用途制限がかかる．

c．都市計画法における観光地区の位置付け

観光的視点でみると，宿泊施設やレジャー施設の立地に制限がかかっている用途地域も多くあり，これらを計画する際には注意を払う必要がある．唯一，観光的土地利用を規定できるのは，市町村の条例により用途地域内に設けることができる「特別用途地区」の一種である「観光地区」である．「観光地区」では用途制限の強化と緩和が可能である．例えば，第二種低層住居専用地域に指定されてい

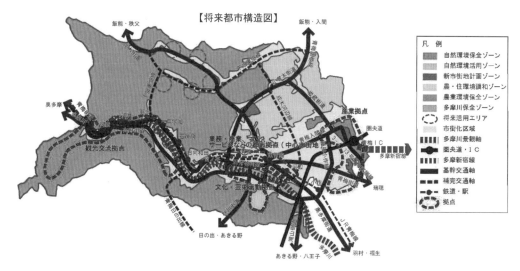

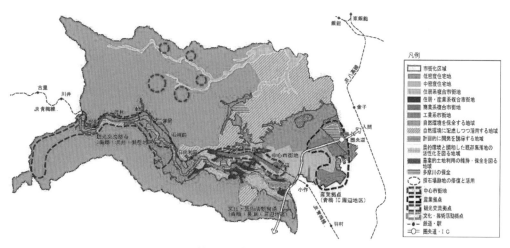

図7.1 将来都市構造図と土地利用の方針図
(「青梅市都市計画マスタープラン」2014年5月)

る別荘地で，本来は制限されるホテルや旅館の立地を可能にしている例がみられる．たいていは既存の観光関連施設の立地を認めるために指定されており，観光地としての景観の規制や保護に用いられている例はほとんどみられない．歴史的建築物群と新築の観光関連施設との調和を図りたい地区，良好な温泉地や門前町の景観を維持したい地区，観光資源の集積している地区，さらには今後観光まちづくりを進めたい地区などへの活用も望まれる（図7.1）．

d. 都市地域における地区スケールの法・制度・計画など

ここまでは主にできないこと，してはいけないことが示されている規制的法定計画を紹介してきたが，「それぞれの地区の特性に応じて良好な都市環境の形成を図ることを目的として，きめ細やかな土地利用に関する計画と小規模な公共施設に関する計画を一体的に定めることができる地区レベルの都市計画」とされている制度も都市計画法体系の中には存在する．地区計画制度である．地区施設（生

図7.2　鎌倉市都市計画図
鎌倉市都市計画情報マップから若宮大路を中心に切り取った都市計画用途図である.
[https://www2.wagmap.jp/kamakura-hazard/Map?mid=231&mpx=139.55587587294946&mpy=35.31691152539489&mps=10000&mtp=dm&gprj=3]

活道路，小公園，広場など）の配置，建物の建て方や街並みのルール（用途，容積率，建蔽率，最低敷地面積，最低建築面積，壁面の位置の制限，高さ，形態・意匠，緑化率など），保全すべき樹林地，農地の開発規制などをルール化することができる．都市計画区域内でまちづくりを進める場合に検討すべき有効な手法の1つである．

　もう1つ，地区スケールのまちづくりにおいて有効な手法として「まちづくり条例」がある．「まちづくり条例」とは，地域に適した

住民主体のまちづくりを推進し，個性的で快適な住み良い都市環境を形成していくことを目指し，都道府県や市区町村が定める条例のことをいい，住民参加を促進するもの，開発を規制するもの，防災に取り組むものが多くみられる（**図7.2**）．ただ観光地でも「まちづくり条例」を定めている地域もあるが，観光まちづくり条例といえるようなものはまだ少ない．

　また人口減少社会の中で登場した都市計画手法としては「立地適正化計画」がある．こ

れは，コンパクトなまちづくりとネットワークづくりを推進するために都市機能の集約的誘導を目的とした計画であり，いわば都市構造の再編を目指すものであるため，長期的なスパンで将来に向けて観光まちづくりを遂行するような場合には考慮すべき計画である．

e. 農業地域が対象となるケース

ところで都市計画区域は，人口の94.1％が居住しているが，国土面積の27.1％を占めているに過ぎない（2019年3月31日現在）ことも知っておくべきだろう．

農業地域の土地利用では「農業振興地域の整備に関する法律」（通称：農振法）が最も考慮すべき法律となる．また「農地法」という法律も大きな役割を持っている．「農地法」は基本的には田畑等農用地としての土地利用や営農を維持することを目的とした法律である．さらに「都市計画区域」と「農業振興地域」の指定が重複した地域を中心に，農業の生産条件と都市環境との調和のとれた地域整備を計画的に推進するための法律として「集落地域整備法」がある．

f. その他地域以外が対象となるケース

その他，森林地域では「森林法」，自然公園地域では「自然公園法」，自然保全地域は「自然環境保全法」での位置付けが大切になる．観光まちづくりでこうした地域を対象とする場合には，これらの法・制度・政策・計画にも注意を払う必要がある．

7.4 調査対象とする地域・地区の観光施策的位置付けを知る

観光まちづくりを進めるうえで，対象地域を含む市町村に関して，現状としてどんな観光施策がとられ，実際にどんな観光行動がみられるのか，誰が，どこから，どうやって，どこに，何をするために来訪しているのか，などのデータを可能ならば事前に知っておきたい．そのためには，市町村や商工会などが策定した「観光（振興）計画」を参照するのが最も有効である（なければ，都道府県，あるいは産業計画に記述されている場合もある）．「観光計画」とは，簡単にいえば，地域の現状とともに観光市場の動向を分析して，それらを踏まえたうえで，観光振興のためのソフト施策や空間整備，組織体制などを提案し，対象地域への誘客戦略を立て観光による活性化を図るための計画である．「観光計画」を参照する際には，とくに，市町村全体の観光振興における対象地域の位置付けをよく理解し，また，誘客のマーケットをどこに設定しているか（地域，客層など）に注意を払う必要がある．

「観光計画」はなくとも，市町村HPを参照し，入込客数や宿泊施設数等観光関連の統計により対象地域のある市区町村の観光の規模や特徴を把握しておくこともできる．

また近年，国際観光旅客税の創設で観光関連の予算，各種制度が充実してきており，観光地の面的整備などにも関連している．具体的にはスノーリゾート支援，文化財・国立公園との連携支援などの地域を支援する制度である．

さらに「外国人観光旅客の来訪地域の多様化の促進による国際観光の振興に関する法律」（外客誘致法）に基づき，観光ルートの設定を中心とした外客来訪促進地域（「国際観光テーマ地区」）が形成されていたり，地域を限定した通訳案内業制度が導入されている地域もあり，その場合は観光まちづくりでの外国人観光客の誘致を検討することが望まし

い．国際会議の開催などを企画する場合にも，「国際会議等の誘致の促進及び開催の円滑化等による国際観光の振興に関する法律」（コンベンション法）による「国際会議観光都市」として53都市認定されているので留意したい．

このような観光に関する行政施策や補助事業を知っておくことも，実際に描いた観光まちづくりのプランを実現していくためには有用であることも多いので目を通しておく．

7.5　地域資源と法・制度・計画・事業の関係を知る

本節では，スケールダウンして各種地域資源に関連する法・制度・政策・計画の概要と留意点を述べる．観光まちづくりを担う地域資源は，歴史文化資源から自然資源，繁華街から自然保全林まで，点的なものから面的なものまで多岐にわたる．それぞれに規定する法律・制度が異なる．

a. 歴史文化系資源にかかる法・制度・計画など

歴史文化資源を扱う際には，まず「文化財保護法」で登録されているか否かを知ることが肝要であろう．この法律は「文化財を保存し，且つ，その活用を図り，もって国民の文化的向上に資するとともに，世界文化の進歩に貢献することを目的とする．」とされている．文化財には，点的なものと面的なものがあり，前者としては「有形文化財」，「無形文化財」，「民俗文化財」，「記念物」，後者としては「文化的景観」および「伝統的建造物群」がある．これらの文化財のうち，重要なものを国が指定・選定・登録し，重点的に保護する法律であるが，近年，その活用が注目さ

れ，観光利用も視野に入ってきている．

また近年，「地域における歴史的風致の維持及び向上に関する法律」（通称：歴史まちづくり法）も制定された（図7.3）．この法律は，城，神社・仏閣，町家・武家屋敷などの歴史的建造物だけでなく，工芸品の製造・販売や祭礼行事など，伝統を反映した人々が営む生活を含め，良好な環境（歴史的風致）を維持・向上させ後世に継承することを目指している．具体的には「歴史的風致維持向上計画」を市町村が策定し認定を受けることとなっている．

観光まちづくりを進める際に，歴史文化系資源では「文化財保護法」における規制や補助行政，「歴史的風致維持向上計画」が策定されている地域では，対象資源の位置付けをよく理解し，観光的活用についてその可能性と限界を知っておく必要がある．

さらに観光まちづくりによって，これまで埋もれていた地域資源が発見され，それが後々文化財となっていくこともある．こうした地域の新しい歴史文化を発掘するという役割も観光まちづくりには期待されている．

図7.3　歴史まちづくり計画のイメージ
（国土交通省・文化庁・農林水産省「歴史まちづくりパンフレット」より）

b. 自然環境系にかかる法・制度・計画など

観光まちづくりを進める際に，都市や農山漁村だけでなく，自然地域も対象範囲として

想定する場合も多々ある．例えば，エコ・ツーリズムの企画などではよくみられる．面的には自然環境関係法，個々の点は「天然記念物」など「文化財保護法」に関係する場合が多い．国立公園などの自然公園に指定されている場合は，自然への負荷を勘案した規制の強弱などによって地域がゾーニングされているので，対象地域の規制状況に注意を払う必要がある．

また都市部でも，対象地域の観光まちづくりの核となる資源として，都市公園や生産緑地，または河川敷，海岸などを扱う場合もある．こうした際には，「都市公園法」，「都市緑地法」，「生産緑地法」，「河川法」，「湖沼法」，「海岸法」などに留意する必要がある．緑を軸にまちづくりを展開する場合には，「緑の基本計画（マスタープラン）」も参考になる．

いずれにしても，対象資源の自然関連法における保護と利用についてよく理解し，その観光的活用についてその可能性と限界を知っておく必要がある．

c．景観系にかかる法・制度・計画など

地域の景観に関する法・制度・計画は，基本的には「景観法」や市町村が制定する「景観条例」となる．「景観法」は「我が国の都市，農山漁村等における良好な景観の形成を促進するため，景観計画の策定その他の施策を総合的に講ずることにより，美しく風格のある国土の形成，潤いのある豊かな生活環境の創造及び個性的で活力ある地域社会の実現を図り，もって国民生活の向上並びに国民経済及び地域社会の健全な発展に寄与することを目的とする．」とされている．「景観法」に基づき，「景観計画」が策定されている市町村も多く，対象資源の計画における位置付けをよく理解し，「景観地区」に指定されていな

いか，「景観協定」は結ばれていないかなどを確認しておくことが求められる．同時にこのまちづくりが遂行された場合に起こりうる地域の景観の変化も予測的に勘案しておく必要がある．

d．商業系にかかる法・制度・計画など

産業系でまず念頭に置いてほしいのは商業にかかる法・制度・計画などである．都市部の中心市街地に限らず，地方部でも商店街活性化を賑わいの核にして観光まちづくりを進める場合には，対象地域の商業的位置付けを理解する必要がある．

その際，最も留意すべきは「改正中心市街地活性化法」（正式名称「中心市街地における市街地の整備改善及び商業等の活性化の一体的推進に関する法律」，通称：中活法）による「中心市街地活性化基本計画」である．中心市街地活性化の目標を抽出してみると，【市民の集客】，【居住の促進】，【観光客の集客】が多く掲げられており，活性化のための1つの方策として観光が重要視されているとわかる．活性化策としては空き家・空き地の活用，廃校の活用，歴史的資源の活用などが打ち出されており，観光まちづくりとも重なる目標や視点が多くみられる．補助事業も豊富なので資金調達面からも考慮しておくべき計画である（図7.4）．

また商店街では，独自の振興計画や事業が多く行われているので，それらにも留意する必要がある．

e．農業系にかかる法・制度・計画など

農業地域において観光まちづくりを進めると，先に述べた土地利用に関連する法律はどちらかというと足かせになる場合が多いが，グリーン・ツーリズムなどを後押しする法

図7.4　川崎市元住吉・ブレーメン通り（筆者撮影）
商店街振興の補助制度は多くある.

律として「農山漁村滞在型余暇活動のための基盤整備の促進に関する法律」（通称：農山漁村余暇法）がある. 農家民泊，農業体験，産品の直販等を企画する場合には注意を払う必要がある. また食料・農業・農村基本計画も農村の多面的機能に注目したり，農業の6次産業化を後押ししたりより良い農村づくりを目指しており関連計画である.

f. その他産業系にかかる法・制度・計画など

その他の産業系を巻き込むならば，地場産品製造などを含む工業振興計画，林業に関連する「森林法」などにも目を向けたい.

図7.5　伊豆松崎町・石部棚田（筆者撮影）
条件不利地域への補助制度も多くある.

g. 施設系にかかる法・制度・計画など

観光まちづくりでは，新規建造物の建設，既存建造物の改築などにより，集客の核やまちづくりの推進拠点を設定する場合が多くみられる. その際には，建物に関しては，「建築基準法」，「不動産取引関連法」，空き家なら「空家法」，レストランなど食事を提供するなら「食品衛生法」，ゲストハウスなど宿泊施設なら「民泊新法」など各種宿泊業法に関する許可が必要となる. また誘客イベントで道路などを占有する場合には「道路交通法」により警察の許可が必要となる. その他，温泉施設なら「温泉法」，レジャー施設なら「風俗営業法」など，業種によって様々な法律による許認可が必要とされる場合があるので注意したい.

h. 条件不利地域にかかる法・制度・計画など

条件不利地域とは，下記の法律で定められた地域である（図7.5）. これらの地域では，それぞれ法律に基づいて補助事業や減免措置などが適用されるので事業を計画する際には活用することを考慮したい. 条件不利地域の主な地域振興法は以下のとおり.

・「離島振興法」（1953年制定）
・「奄美群島振興特別措置法」（1954年制定）
・「豪雪地帯対策特別措置法」（1962年制定）
・「山村振興法」（1965年制定）
・「半島振興法」（1985年制定）
・「過疎地域自立促進特別措置法」（2000年制定，過疎地域対策法は1970年以来時限立法で継続的に制定）
・「特殊土壌地帯災害防除及び振興臨時措置法」（1952年制定）

i. 広域認定系

地域の歴史文化資源や自然資源を「遺産」

として認定し，保全活用しようという動きが世界あるいは日本でも多くみられる．ユネスコが登録する「世界遺産」を筆頭に，「無形文化遺産」，「世界農業遺産」，「近代化産業遺産」，「日本遺産」，「土木遺産」，「機械遺産」などなどである．これらの遺産制度は学術的あるいは国際的な評価に基づき文化や自然を遺そうとする．また，「ジオ・パーク」，「エコ・パーク」，「エコ・ミュージアム」などの認定制度もあり，これらも世界や日本各地に展開されている．

このような登録・認定制度を活用すれば，地域資源に名称や明確な基準によるブランドが付き，あるいはアピール要素が足りない資源でもテーマやストーリーを他地域の資源と共有することによって観光の価値を上げることができる．認知度や知名度も自ずと上がる．さらには登録・認定を目指した活動自体がまちづくり活動となるので，地域資源の活用を考える際には，こうした制度も視野に入れておくとよいだろう．

一方，地方自治体が独自に設定した評価基準によって歴史文化や自然を遺産として認定しようとする取り組みもみられる．「○○遺産」という名称だけでなく「○○の宝」というのもある．「北海道遺産」，「ぬまづの宝」，「とよた世間遺産」など全国各地にあり，これらは一般に「地域遺産」制度と呼ばれる．もちろん，権威ある遺産に登録されれば，地域の誇り，観光資源としてはこの上ないが，「地域遺産」でも選ばれれば，観光まちづくり活動に弾みが付くことは間違いない．

j. その他，関連する法・制度・計画など

観光まちづくりのテーマや対象とする地域資源の種別によっては様々な他分野の法・制度・計画などと関連する場合がある．地域の

環境問題なら環境系計画，福祉問題なら福祉系計画を知っておく必要が生じる．また，災害が起こりやすい地域で観光まちづくりを進めるには，災害指定地域，災害関連法を参照し地域の特性としてしっかり頭に置いておくことが不可欠である．

7.6　法・制度・政策・計画の調べ方と対応の仕方

ここまで述べてきた法・制度・政策・計画に関して，「調べ方」を簡単に紹介しておく．ほとんどが行政資料なので，個人情報に係わる部分などを除いて原則公開されている．冊子になっているものも多く役所などで閲覧可能である．最新版はたいていWeb上にありPDFなどで入手可能である．

国の法律やそれに関連する制度・政策・計画は，当然ながら所管省庁のHPに公開されている．土地利用では都市地域関連は国土交通省，農業地域関連は農林水産省，森林地域は林野庁，自然公園・自然保全地域は環境庁である．これらとは別に文化財関連は文化庁，産業関連は経産省である．

個別の対象地域に係わる情報は，市区町村の地区事務所や区民センターなどでまずは収集するとよいだろう．都市計画なら都市計画やまちづくり関連，産業なら商業や農業関連，文化財なら教育委員会，施設系なら建築指導課など関連部署を紹介してくれるはずである．

また，法や計画の中には，用途地域，自然保護や文化財保護など厳しい規制もあるが，政策や計画には，法的拘束力はないもの，運用で回避できるもの，時間と手間はかかるものの異議申立てが可能であるものも多くみられる．いずれにしても行政の担当や専門家に

図7.6　天王州運河に船を浮かべた水上レストラン
（筆者撮影）

水上レストランは建築物の扱いだが，運河は市街化調整区域とされ，基本的に建築物が建てられない．このため，既存レストランの増築扱いで都市計画法，建築基準法の規制に対応している．一方で船としても扱われるため，港湾法，船舶安全法にも対応している．

相談してみるとよい．

　こうしてみると，観光まちづくりに関わる法・制度・政策・計画は多くの部署に関わっていて大変複雑であることがわかる（**図7.6**）．実際，観光まちづくりに関連するこれらを網羅的に把握することは難しいし，開発と保全の関係など，内容的に矛盾する場合もある．しかし，多種多様にある法・制度・政策・計画をうまく運用し，それらの内容や作用を鑑みながら，調整・調和させ，一体となった策として遂行していくのも観光まちづくりの重要な役割の1つであろう．

7.7　観光まちづくりから新たな法・制度・政策・計画の構築へ

　ここまでは，観光まちづくりに関連する多くの法・制度・政策・計画をまずは「知る」ことに重点を置いてきたが，実際のまちづくりの現場では，「使う」へと発展させていかなければならない．例えば，「まちづくり条例」や「地区協定」，「地区計画」などの施策を行いたい場合には，法・制度に則りどのように進めていくかを考え，行政に届け出，施行後には運用していくことも必要になる．

　また，各種行政計画にみられる方向性は必ずしも踏襲しなければならないものではない．自ら考え，地域住民や行政に提案していく姿勢が求められる．

　さらには，まちづくりの先駆的取り組みや積み重ねが規制緩和を促したり，新しい視点も有した法律を生み出したりすることにもなる．行政が新たな制度などを導入する前に試行する社会実験という制度もあるが，そこまで大がかりな取り組みではなくとも，例えば，広場や公園，あるいは道路や河川敷でテンポラリーに営業されていた仮設カフェがいつの間にか常設になって賑わいをみせている空間となることがある．何気ない，小さな空間の変化ではあるが，実は様々な法・制度をクリアした努力の賜なのである．

文　献

e-GOV 法令検索HP　https://elaws.e-gov.go.jp
環境省HP　https://www.env.go.jp
国土交通省HP　https://www.mlit.go.jp
小林良樹，十代田朗，津々見崇（2019）地方都市の中心市街地活性化基本計画にみる観光の活用に関する研究．都市計画論文集，**54**，3
中心市街地活性化協議会支援センターHP　https://machi.smrj.go.jp
農林水産省HP　https://www.maff.go.jp
文化庁HP　https://www.bunka.go.jp

第Ⅱ部
地域を動かす
——観光まちづくりを構想し，実践する

地域の個性をもとに観光まちづくりを構想し，実践する

　観光まちづくりの有力な手がかりとして地域の個性を知ることを概説した第Ⅰ部に続いて，第Ⅱ部においては，実際にそれぞれの地域で観光まちづくりをどのように構想するかという手順とその際の重要なポイントを概説する.

　地域の個性をもとに観光まちづくりを構想するためには，他者の視点で地域の強みや弱みを見直すことを含めて，客観的な視座が不可欠である. 同時に，実際のアクションを生み出していく仕掛けづくりや合意形成，来訪者にとっての環境と受け入れ側にとっての環境をいかに矛盾なくすり合わせるかなど，留意点はより実際的で，かつ広範にわたることとなる.

　とりわけ観光まちづくりにおけるビジョンの共有に向けた工夫が不可欠である点は，地域調査法を越えた論点として重要である. たんに地域の個性を知り，そこに依拠する戦略を立てるだけでなく，それを活かしていく地域の将来像とそこへ至る道筋に対する「考え方」を共有することが求められる.

　もちろん観光まちづくりに限らず地域づくり・まちづくり一般においても将来ビジョンの共有は欠かせない要素であるが，観光まちづくりの場合は特に，地域の多様な産業セクターを巻き込むこととなるので経済的な影響がおおきい. それだけに地域の将来像に対する考え方がひろく地域社会で共有されるか否かが観光まちづくりの鍵を握ることになる.

　他方，まさしく地域の多様な産業セクターが関与する分だけ，合意形成は困難となる. 観光や交流と直接の関係を持たない地域居住者をも包含して，どのような地域の将来像を描き出せるか，地域経営の具体像を示すことができるかということに関しては，「地域力」そのものが問われるといってもいい. まちづくり，とりわけ観光まちづくりにおいては，地域力の涵養が重要な課題となってくる.

　観光まちづくりを構想し実現化するために，第Ⅱ部においては，観光まちづくりのビジョンを描くことの重要性とそのためのプロセスのデザインのあり方と留意点を提起し（第8章），第Ⅰ部で扱った地域の個性をいかに顕在化し，持続的な観光まちづくりにつなげていくかという具体的な考え方を提示している（第9章）.

　続いて，観光まちづくりに関係する多様で自立的な主体をどのように組織し，協働のシステムを構築するかという方法論を概説し（第10章），それをいかに持続可能で，安全・安心な環境に向けて備えるか（第11章），観光まちづくりをいかに外部に情報発信していくか，どのような人々にどのような情報を届けることで共感を得られるのか，そのための戦略をどのように構築していくかを概説している（第12章）.

　観光まちづくりをめぐるこうした留意点を意識し，地域における実践を積む中で，観光まちづくりという考え方そのものが血肉化していく. 第Ⅱ部では，そうした観光まちづくりの血肉化の道すじを示すことを目指している.

第8章 観光まちづくりのビジョンを描く

梅川智也・石山千代

観光まちづくりは，地域に暮らす人々のみならず，多様な関わりを持つ他者をその土地ならではの形で取り込み，持続可能な地域を目指していく活動といえる．ゆえに，関わる主体が多く，息の長い活動である．多様な主体による時々の活動が，ほどよく補完し合い，相乗効果を生むには，地域の観光まちづくりに関わるビジョンの存在が不可欠である．

本章では，観光まちづくりのビジョンを構成する要素を将来像，戦略，施策と整理し，これらを考えるプロセスと留意点について具体的事例とともに解説する．

8.1 ビジョンの意義と実現へ向けた検討

a. 観光まちづくりのビジョンを描く意義

グローバル化と気候変動，新型コロナウイルス感染症の世界的大流行などによって，不確実性が増している昨今は，先が見通しづらく，ビジョンを描く意義について賛否両論がある．また，小さなアクションや空間を考えることから変化を促そうという議論と活動が近年活発になっている．観光まちづくりにおいても，当然そういう側面もある．

しかし，観光まちづくりは，地域を取り巻く社会の中で地域を見つめ直し，地域の資源と暮らしを守りながら地域内外の交流や産業を創出していく活動であるため，非常に長い時間がかかり，多様な主体が関わる．そのような中で，地域社会，地域環境，地域経済への影響のバランスをとりながら，多様な主体による時々の活動が，ほどよく補完し合い，相乗効果を生むために，共通の指針となるビジョンが必要である．

b. ビジョンを構成する要素

観光まちづくりのわかりやすいビジョンには，地域が目指す姿としての「将来像」がまずあり，それを実現するための方針・シナリオである「戦略」と，ハード・ソフト両面からの具体的なプロジェクト群である「施策」

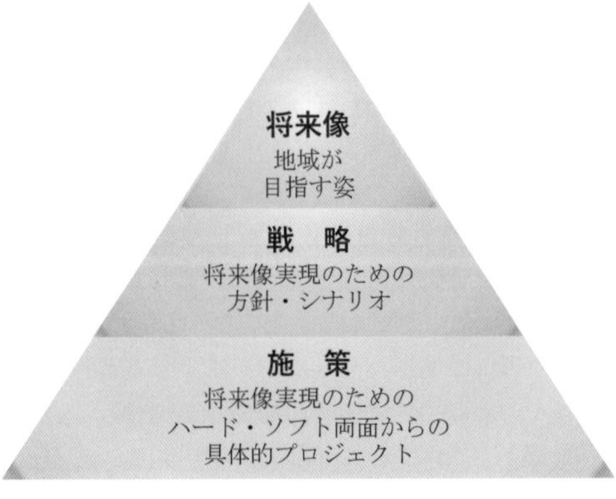

図8.1 ビジョンを構成する要素

を区別しながら併せて考えていくことが重要である.

c. ビジョンを描くプロセス

地域の状況に応じたプロセスを考えることやプロセス間を往還することが大切だが,大きくは以下7つのプロセスを経る(図8.2).

ビジョンを描く**単位**を考える	→ 8.2
ビジョンを描く過程に**参画する主体**を考える	→ 8.3
地域が置かれた**環境の多面的分析**を通して,地域の**魅力**と**課題**を見出す	→ 8.4
地域の**将来像**と端的に表現する**コンセプト**を考える	→ 8.5
目標を多面的に考える	→ 8.6
将来像の実現に必要な**戦略**と**施策**を考え整理する	→ 8.7
将来像の実現に必要な**推進体制**を考える	→ 8.8

※必ずしも,この順番である必要はない.プロセス間を往還することも重要.

図8.2　観光まちづくりのビジョンを描くプロセスと参照

8.2　ビジョンを描く単位を考える

a. ビジョンが対象とする空間的な範囲

ビジョンが対象とする空間的な範囲には,地域の観光まちづくりにとって重要な建築物や工作物単位,敷地単位から,通りや商店街単位,温泉街や地区単位,市区町村,やがては広域連合単位,都道府県単位,広域圏単位,国と多様な単位がありうる(表8.1).

そして,この空間的な範囲は,たいていの場合,「策定主体が誰か」ということを意味する.温泉街単位であれば,温泉旅館組合や観光協会によるものが多く,市区町村単位であれば地方公共団体が策定主体となることが多い.いずれにしても,ビジョンを描くときには,空間的にどの範囲を対象とするかを意識的に考えなければならない.また,1つに限

定する必要もない.

b. ビジョンが対象とする時間的な範囲

ビジョンが対象とする時間的な範囲にも,短期(1〜5年)・中期(5〜10年)・長期(10年以上)と多様な単位がある.効果的な範囲を定めることと,他の関連するビジョンが対象としている範囲を踏まえ,これから描こうというビジョンの位置付けを意識することが重要である.

c. ビジョン同士の関係性

観光まちづくりでは,表8.1で示す範囲のビジョンを描くことが多い.その時に,地域に既に存在する関連ビジョンを上述の空間的な範囲,時間的な範囲という観点から幅広く見つめ直してみると,思いの外,多様なビジョンが地域には蓄積されているものである.それらを整理し,これから描くビジョンの位置付けを相対化することで,役割がより明確となる.

表8.1　ビジョンを描く単位の検討

時間的範囲 空間的範囲	短期 (1〜5年)	中期 (5〜10年)	長期 (10年以上)
建築物・工作物			
敷地			
通りや商店街			
温泉街や地区			
市区町村			
広域連合			
都道府県			
広域圏			
国			

□ 観光まちづくりでは,この範囲のビジョンを描くことが多い

8.3　ビジョンを描く過程に参画する主体を考える

　ディスカッションやワークショップを繰り返してビジョンを描いていくわけだが，ここに参加するメンバーの構成が内容を左右するといっても過言ではない．策定主体が行政の場合とDMO（観光地域づくり法人）や観光協会，まちづくり会社などの民間主体の場合によって，自由度が異なることもあるが，当該ビジョンが対象とする範囲で活動する「多様な」立場の人々，ビジョン策定後の実行段階での「担い手」としての活躍が期待できる人々に積極的に声かけをしたい．近年，とくに重要とされているのは，地場産業に携わる人々やユーザー目線をもつ市民，地域に根ざした活動をしている若年層や外国人の参画である．また，ジェンダーバランスにも配慮したい．

　しかし，直接的な議論の場に参加できるメンバーはどうしても限られてしまうので，ビジョンを描く過程を透明化し，議論の内容や進捗状況を，住民をはじめとする関係者に広く伝える工夫（紙媒体やweb媒体などでのニュースレターなどの作成）が求められる．

8.4　地域が置かれた環境の多面的分析を通して，地域の魅力と課題を見出す

a.　地域が置かれた環境の多面的分析

　ビジョンにつなげる地域の魅力と課題を見出すには，自らの地域が置かれた環境を客観的，多面的に理解する必要がある．これは，本書の第Ⅰ部で解説してきた作業がベースとなる（図8.3）．そして，地域における観光や交流を生み出すポテンシャルを周辺地域・類似地域と比較することによって，観光まちづくりにつなげる地域の魅力と，観光まちづくりで解決を試みたい課題を導出していく．

1）資源・施設条件の分析

　まずは，観光や交流を生み出すポテンシャルを有した地域の資源と施設を客観的に把握する．すでに認識されている資源と発掘する資源の整理については9.1節で詳述するが，例えば，（公財）日本交通公社の「全国観光資源評価」に基づく，観光資源が地域に立地しているかどうかは1つの指標となる．また，どれだけ個性的な観光施設（宿泊，飲食，レクリエーション施設など）が立地しているかもあわせて把握したい．

　以上の資源や施設の入込客数や交流人口をシーズン別，月別，曜日別，場合によっては時間別に分析したり，保存や活用のために制

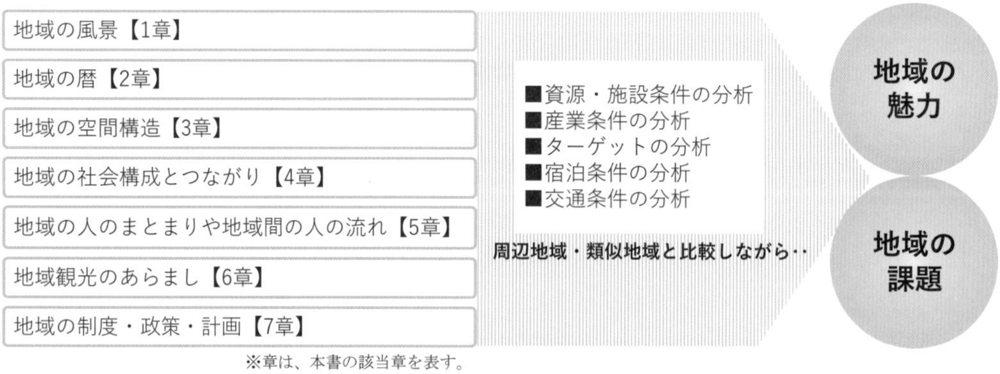

| 地域の風景【1章】 |
| 地域の暦【2章】 |
| 地域の空間構造【3章】 |
| 地域の社会構成とつながり【4章】 |
| 地域の人のまとまりや地域間の人の流れ【5章】 |
| 地域観光のあらまし【6章】 |
| 地域の制度・政策・計画【7章】 |

■資源・施設条件の分析
■産業条件の分析
■ターゲットの分析
■宿泊条件の分析
■交通条件の分析

周辺地域・類似地域と比較しながら‥

地域の魅力

地域の課題

※章は、本書の該当章を表す。

図8.3　地域の現状分析から地域の魅力と課題の導出へ

度や計画でどのような措置がとられているか
を分析することによって，資源・施設の特性
と課題を整理する．

2）産業条件の分析

一次，二次，三次の産業別就業人口だけで
なく，観光や交流に結びつきやすい当該地域
ならではの特徴的な産業が立地しているかが
ポイントとなる．第一次産業であれば農業や
水産業の特産品の有無，第二次産業であれば
特色のある製造業，例えば新潟県三条市の金
属加工や石川県輪島市の塗り物などである．
第三次産業は，多くの地域で最も就業人口が
多いが，観光や交流に関連する幅広い産業を
支える労働人口が確保されているかが重要で
ある（詳細解説は6.2節参照）．

3）ターゲットの分析

人的・経済的制約などがある中で，地域に
ふさわしい人々との接点を効果的に生み出す
ために，観光まちづくりのターゲットをある
程度絞り込むことが不可欠である．この問題
意識を有して本書の5章と6章を参考に分析
を行うことで，現在どのような人が地域を訪

れているかや，ターゲットとしたい人々の嗜
好や行動（図8.4）を顕在化させることがで
きる．なお，観光まちづくりでは，近隣の住
民も重要なターゲットの1つである．

4）宿泊条件の分析

地域を訪れ，滞在する魅力の1つに優れた
宿泊施設が立地しているかどうかがある．こ
れは必ずしも高級な宿泊施設があるという意
味ではない．近年は，古民家をリノベーショ
ンしたゲストハウスや，町家の一棟貸しなど，地域ならではの滞在経験が可能な宿泊施
設のバリエーションが豊富になっている．

デスティネーション（目的地）の選択以上
に宿泊施設の選択を重視する人々も少なくな
い．立地する宿泊施設の宿泊容量と宿泊単価
を図8.5のようにプロットすることで，大規
模低単価型か小規模高単価型かなどの観光地
タイプもみえてくる．また，宿泊客が当該地
域でどのような過ごし方をしていて，どのよ
うな感想を抱いているかといった定性的な調
査を実施することで見出される魅力と課題も
少なくない．

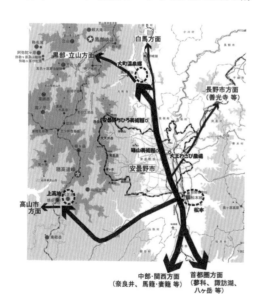

図8.4　主な観光ルートと流動量
[出典：安曇野市観光振興ビジョン「安曇野暮らしツーリズム」]

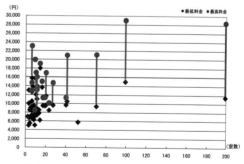

図8.5　宿泊施設の室数と宿泊単価の分析例
[出典：安曇野市観光振興ビジョン「安曇野暮らしツーリズム」]

5）交通条件の分析

当該地域が高速交通体系（空港，新幹線
駅，高速道路ICなど）にどうアクセスでき
るかは，地域内外との移動の量と質に大きく

影響する．空港であれば国際便を含めて，どの都市とのネットワーク（定期運航便）があるか，新幹線であれば主要な駅からの，高速道路であればICからの時間と交通費が重要となる．

　一方で，前述の資源や施設の間を移動するための地域内での交通手段，公共交通の整備状況と利用状況についても把握する．

b.　地域の魅力の可視化による共有

　多様な制約がある中で，すべての地域資源を活かすことは難しく，ある程度の選択と集中，関連付けなどの交通整理が必要である．周辺地域，類似地域との競合を把握し，自らの地域の魅力を俯瞰的，客観的に見極める，

他の地域と比べて何が特徴なのかを明確にする作業である．地域の人々（内の目）と外部のアドバイザーなど（外の目）によるKJ法などを活用したディスカッションやワークショップは，オーソドックスだが大切な手法である．そうやって地域の魅力が見い出されたら，文章や図，絵など多様なツールで可視化を試みる．

　安曇野市では，ビジョン策定メンバーがワークショップで議論を重ね，地元特産のそばの花びらの形で，「安曇野らしさ」と安曇野らしい観光を考えるキーワードの見える化を行った（図8.6）．そして，自然と共生し，農のある景観と地産地消による豊かな食生活，文化や芸術に触れ，みんなで協力しあっ

図8.6　安曇野市の魅力、地域らしさの導出作業の結果
[出典：安曇野市観光振興ビジョン「安曇野暮らしツーリズム」]

て暮らしていくという安曇野らしい豊かな暮らしぶりこそ，子ども達や来訪者に伝えたいということが共有された．

ディスカッションやワークショップ以外にテーマ別の調査や社会実験，イベントを通して，地域の個性を発掘，抽出し，共有することも有効である．例えば，草津温泉では温泉街のシンボルである「湯畑」の価値を，多角的専門的に検証し，地域住民だけでなく多様な人々と湯畑の価値を共有することができた．

鳥羽市では，伊勢エビやアワビ，サワラや海藻などの海産物が地域の個性であり，それを育む鳥羽の海の大切さ（鳥羽うみ文化）を共有するため，観光基本計画とは別に「鳥羽市・漁業と観光の連携促進計画」を策定し，モニターツアーの開催や海女文化の紹介，海の博物館などの観光施設を活用したイベントなどを通じて共有化を図っている．

8.5　地域の将来像と端的に表現するコンセプトを考える

前節で導き出してきた地域の魅力と課題を踏まえ，地域の将来像をどう表現するか，それを端的に表現するコンセプトを創り出す必要がある．内向け・担い手向けの「インナーコンセプト」と外向け・観光客向けの「アウターコンセプト」の両方が必要だが，地域の人々が自らの個性を理解し，共有できることが肝心なため，前者から検討していくことが望ましい．そのうえで，外部の人々に対してわかりやすい言葉で伝える．外部への発信は季節によって異なってもよいし，日本人と外国人では伝える内容も変わる．また，近隣のマーケットへの発信と遠距離のマーケットへの発信は異なる．後者は商業的でプロモー

ション色が強くなる傾向がある．

a. 安曇野市のビジョンの場合

安曇野市では，図8.6の作業を機に「安曇野らしい暮らし方・生き方」についても議論を深め，インナーコンセプトとして「安曇野暮らし五箇条」がまず共有された．そして，観光を軸に市民が「安曇野暮らし」を知り，広く伝え，磨きをかけ，さらに輝かせていく一連の活動を「安曇野暮らしツーリズム」と呼び，「はじめよう『安曇野暮らしツーリズム』～豊かな旅・豊かな生き方～」というアウターコンセプトに至った（図8.7）．

図8.7　インナーコンセプト「安曇野暮らし五箇条」とアウターコンセプト「安曇野暮らしツーリズム」
[出典：安曇野市観光振興ビジョン概要版]

b. 花巻市のビジョンの場合

花巻市からの委託を受けて，（一社）花巻観光協会が10年後を目標年次として2020年3月に策定した「花巻観光振興ビジョン」の策定過程では，「花巻・観光まちづくり研究会」を開催し，観光まちづくりの基本的な考え方

を学んだのち，多くの市民を巻き込み6回に
わたるワークショップを行った．そこで，花
巻市の観光まちづくりは，市内に12か所あ
る個性豊かな温泉を一つ一つ活かしていくこ
とであり，花巻独特のゆったり流れる時間を
楽しんでもらうことを打ち出していくことに
なった．当初インナーコンセプトとして導き
出した「花巻12湯　～湯ったり，感じる
『花巻じかん』」が，結果として新幹線・新花
巻駅で使用される（**図8.8**）などアウターコ
ンセプトにもなっていった．

図8.8　個性的な12の温泉からなる花巻温泉
ビジョンが契機となり，12の温泉をアピールする看板が
新幹線駅構内に設置された．

8.6　目標を多面的に考える

　地域の将来像がある程度みえてきたら，そ
れが実現された状態としての目標をどのよう
に表せるかを多面的に考えていく．ここで

コラム　住民組織によるビジョンとしての 住民憲章

　全国的に開発志向だった高度経済成長の時代
に日本で初めての町並み保存に取り組んだ妻籠
宿では，住民組織（妻籠を愛する会）が「妻籠
宿を守る住民憲章」（1971制定）という形で，
観光まちづくりのビジョンを提示し，半世紀を
経た今日なお，この憲章に照らした各種判断と
活動を行っている．

図8.9　妻籠宿（長野県・南木曽町）

　住民憲章では，妻籠宿と旧中山道沿いの資源
（建物・屋敷・農耕地・山林など）を観光資源
と捉え，保存することで地域の産業振興に結び
つけようという将来像がまず掲げられている．
　続いて，「保存優先の原則」という戦略が掲げ
られ，これを実現させ，地域環境，地域社会，
地域経済を変質させないためのハード・ソフト
の行動規範的な施策が示されている．末尾に
は，住民組織自身による運用体制を明示し，現
に今日まで継続している．
　町並み保存に取り組む地域では，妻籠宿にな
らい，住民組織自体がこのようなビジョンとし
ての住民憲章をもつ地域が少なくない．

図8.10　妻籠宿を守る住民憲章

は，UNWTOによる持続可能な観光（Sustainable Tourism）の定義「訪問客，産業，環境，受け入れ地域の需要に適合しつつ，現在と未来の環境，社会文化，経済への影響に十分配慮した観光」の考え方を念頭に置いておきたい．

a. 主体別の観点から

まずは，住民・来訪者（観光客）・事業者・行政といった主体別の目標を考える（図8.11）．このとき，まちづくり組織やDMOのような中間的な性格を持つ主体をクローズアップしたり，事業者を業種別に分けるなど，地域ごとに細かい設定を行うことも重要である．

ただし，主体間の目標に齟齬が出ないようにすること，つまり，ある主体にとって望ましいことが，他の主体にとって望ましくない状態とならないように考えることがポイントとなる．

具体的な目標としては，例えば，「住民」に関連する目標としては，生活への満足度や地域への誇り，「来訪者・観光客」は観光客数（特に，宿泊客数），観光消費額，観光客満足度，「事業者」は施設などの立地・経営状況，観光経済波及効果，従業員満足度（6.1節dもあわせて参照），「行政」は，上記主体の取り組みを促進・支援する観光まちづくりに関連する予算の確保などがある．

b. 地域への影響という観点から

次に，将来像を目指して観光まちづくりに取り組むことによる地域への影響を考える．

関連するものとして，観光庁とUNWTO駐日事務所による「日本版持続可能な観光ガイドライン（Japan SustainableTourism Standard for Destinations, JSTS-D）」（2020年）がある．大項目で47項目，小項目で113項目におよぶ指標が示されていて参考にはなるが，大きくは地域社会への影響，地域環境への影響，地域経済への影響という三側面（図8.12）から目標を整理し，目標同士に齟齬が出ないようにチェックしたい．

図8.12　観光まちづくりの目標の検討に必要な地域への影響の視点

※個人としてみると複数主体に重複することも多く，そのことも重要である．

図8.11　観光まちづくりの目標の検討に必要な主体の視点

8.7　将来像の実現に必要な戦略と施策を考え整理する

コンセプトの実現に向けて必要な施策の柱，いわば「戦略」を検討し，固めていくステップである．これまでの当該地域の観光ま

ちづくりへの取り組み度合いによっても異なるが，優先的に取り組む「戦略」をテーマや時期，主体ごとに検討し決定していく．ここでも，安曇野市と花巻市の事例を紹介する．

a. 安曇野市のビジョンの場合

安曇野市では，「『安曇野暮らしツーリズム』〜豊かな旅・豊かな生き方〜」を実現するために，次の5つの基本戦略を設定した（図8.13）．

1. 安曇野暮らしをまもる〜自然との共生 〜
2. 安曇野暮らしをそだてる〜農のある暮らしの再生と食の活用〜
3. 安曇野暮らしをつたえる〜歴史・文化，芸術の継承活用〜

4. 安曇野暮らしをつなげる〜コミュニティとの連携〜
5. 安曇野暮らしがうるおう〜観光関連産業の強化と観光波及効果の最大化〜

また，以上の土台となる観光基盤整備として①観光推進体制の構築，②観光基盤の充実・強化を推進することとした．

なお，本ビジョンでは10年後の目標として，観光経済波及効果（26.1％増），来訪者満足度，再来訪意向，「安曇野暮らし体験プログラム」参加者数の増加を掲げている．また，滞在時間（日帰り客・宿泊客）については，「来訪者に少しでも長く安曇野市に滞在していただき，安曇野暮らしを体験していただく」といった数値を出さない表現としている．

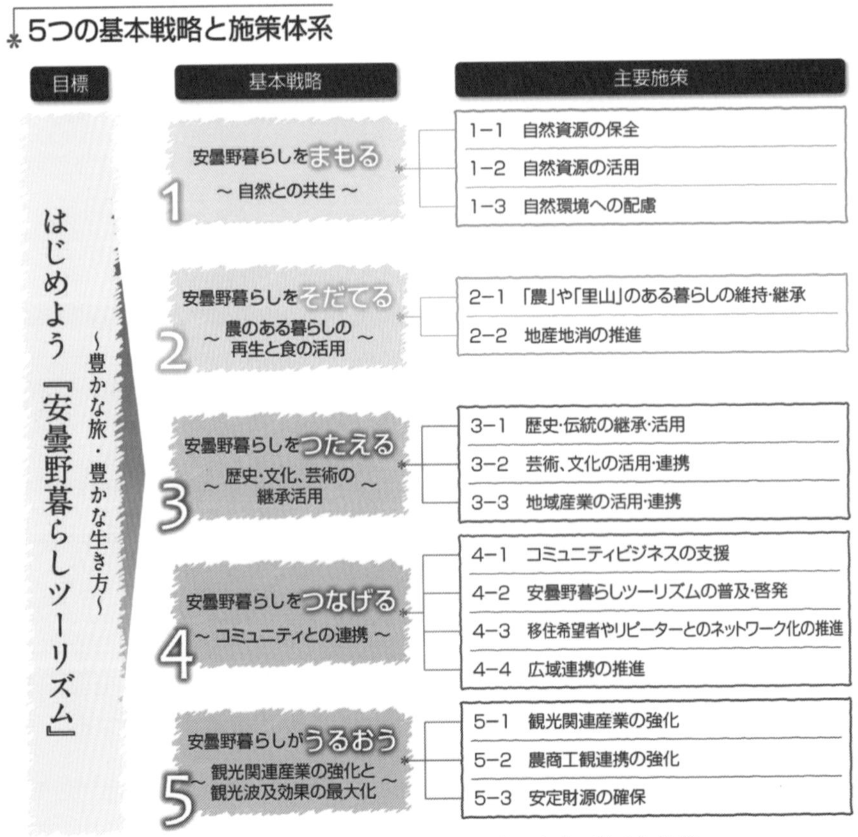

図 8.13　安曇野市のビジョンを実現するための戦略と施策
[出典：安曇野市観光振興ビジョン「安曇野暮らしツーリズム」]

b. 花巻市のビジョンの場合

花巻市では，想定する主要なマーケットとして，①首都圏および仙台を中心とする，ゆったりと旅をしたいカップル・夫婦および家族旅行，②海外からの団体旅行および日本の原風景を楽しみたいFIT（Foreign Independent Tour またはFree Individual (Independent) Traveler:パッケージツアーや団体旅行に参加するのではなく，個人で自分の目的にあわせた旅行をすること/人）の2つを掲げ，「花巻12湯　〜湯ったり，感じる『花巻じかん』」を実現するために，以下4つの戦略を立てた.

1）滞在の魅力向上　花巻にいかに長く滞在してもらうかはコンセプト実現の最も重要なポイントであることから，温泉をはじめとした花巻の地域資源を活用し，滞在の魅力向上を推進していきます.

2）市内外の回遊性の向上　花巻の魅力を「線」さらには「面」として満喫してもらうことが長い滞在にもつながることから，市内，さらには市外も含めた回遊性を向上させていきます.

3）観光まちづくりの推進　花巻の地域としての魅力を高めるためには，様々な分野での取り組みが必要なことから，関係主体の連携を促進しながら，観光まちづくりを推進していきます.

4）観光推進基盤の整備　各種の観光活性化に向けた取り組みには，そのベースとなる組織やデータなどが必要なことから，これらの各種推進基盤を整備していきます.

さらに，目標年次までの10年間を前期・中期・後期に分けて，戦略ごとに，図8.14のようなプロジェクトを導き出した.

目標値としては，旅行消費単価（29,200円/人→37,000円/人），延べ宿泊者数（797,450人→886,400人），来訪者満足度（95.1％→96.0％），リピーター率（60％→70％）の4項目を掲げ，それぞれについて外国人旅行者の数値も掲げている.

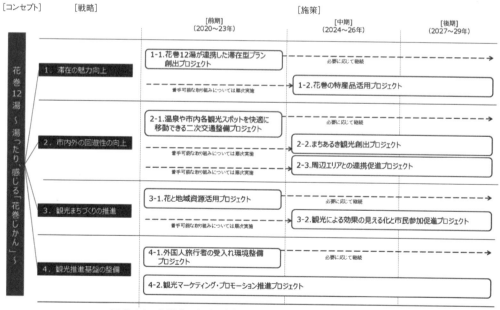

図8.14　花巻市の観光ビジョンを実現するための戦略と施策
［出典：花巻観光振興ビジョン］

8.8　将来像の実現に必要な推進体制を考える

　観光まちづくりのビジョンは，現段階では行政が策定するケースが多い．しかし，観光まちづくりは行政だけで完結するものではなく，民間事業者や住民，まちづくり団体など多様な主体によって展開される．そのため，行政の役割としては，推進体制の構築や議論の場づくり，民間活動のサポート，予算の確保などが重要である．以下では，さらに大切な視点を整理しておく．

a.　民間組織や住民の主体性の尊重

　行政がリーダーシップをとることによって，他の主体の主体性が低下してしまうことがありうる．できれば行政はサポートに徹し，民間（DMOや観光協会）や住民が主体性を発揮できるよう配慮することが望ましい．

b.　官活，庁内連携こそ重要

　担当課だけでなく，複数の領域にまたがる複合行政，総合行政が観光まちづくりを支える．行政内各課との連携・協力は欠かせない．場合によっては首長の政策ビジョンにもなりうるため，首長自らが調整機能を果たすこともありうる．

c.　財源確保

　観光まちづくりを進めるうえで，必ず課題となるのが財源である．地方財政は厳しさを増し，投資的な経費は削減される一方である．そこで地域独自の安定的な財源を確保していく工夫が求められる．宿泊税のような法定外目的税の導入や市町村税である入湯税の活用，協力金の創設，民間からの会費や賛助金，ふるさと納税の活用など地域の創意工夫によって生み出していくことが期待される．

d.　PDCA によるマネジメント

　ビジョン策定は観光まちづくりのはじまりである．そして，ビジョンの実現に向けたマネジメントが不可欠である．マネジメントをどこが担うか，どのようにPlan（計画）・Do（実施）・Check（評価）・Action（改善）のサイクルを進めていくかについても，評価と検証を行う会議体をあらかじめ創設しておくことが望ましい．

文　献

田村　明（1977）『現代都市政策叢書　都市を計画する』，岩波書店

梅川智也 編著（2018）『観光学全集　第7巻 観光計画論1〜理論と実践』，原書房

野倉淳 編著（2019）『観光学全集　第8巻 観光計画論2〜事例に学ぶ』，原書房

公益財団法人日本交通公社（2012）観光地づくりの本質を探る−観光まちづくりの「心」とは，観光文化，215

公益財団法人日本交通公社（2019）『観光地経営の視点と実践　第2版』，丸善出版

十代田朗 編著（2010）『観光まちづくりのマーケティング』，学芸出版社

石山千代 他（2016）『妻籠宿における住民憲章制定に至る過程に関する研究』，日本都市計画学会

観光庁・UNWTO駐日事務所（2020）『日本版持続可能な観光ガイドライン』

第9章 地域資源を観光まちづくりに つなげ，魅力をつくる

下村彰男・石山千代

地域資源は地域ならではのものであり，住民にもまた来訪者にも地域らしさを感じさせるものである．したがって地域資源は，地域コミュニティの絆として，そして魅力的な観光資源として，観光まちづくりの基盤となる存在である．より明確に，より深く地域らしさを感じてもらえるよう地域資源を継承しつつ磨きあげそして利活用して，観光まちづくりへと結びつけていくことが，地域にとって重要な課題である．

そこで本章では，地域資源と観光まちづくりの関係や動向（9.1節）を紹介したうえで，地域資源を観光まちづくりの魅力につなげていく道筋を，地域資源の顕在化（9.2節），共有・伝達（9.3節），保全と活用，洗練（9.4節）という観点から紹介するが，この観点自体が段階的かつ循環的に実施されることが重要である．

9.1 地域資源と観光まちづくりの動向

a. 地域資源と観光まちづくり

観光客に来訪してもらうためには，地域の資源が魅力的でかつ地域ならではのものであることが重要である．地域資源が，多くの人々を惹きつけ，同時にその地域を訪れないと楽しむことができなければ，地域の観光を活性化させることにつながる．

また一方で，その地域資源はまちづくりにとっても重要であり，地域の人々のよりどころとなって，地域コミュニティの結束を強くするものとなる．そして，地域ならではの資源，つまり地域個性を代表したり象徴したりする資源を，域外からの来訪者に評価してもらうことは，人が地域を誇りに思い，愛着を抱くことにも結びつく．

つまり時代の流れの中で，「観光」にとっての資源，「まちづくり」にとっての資源，この両者がともに，地域資源であることに比重を置くようになってきたことで，本来性格の異なる行為である「観光」と「まちづくり」が結びついてきたといえる．

地域資源を見出し，それを地域コミュニティの絆として共有する，そして，その地域資源を守りながら魅力的な観光資源として持続的に活用していく，といった一連の地域資源の取り扱いは，観光まちづくりの核をなす部分と位置付けることができる．

b. 地域資源を守ることと活用すること

地域の営みと深く結びついてきた自然や文

化に根ざしている地域資源は，これまでも大切に守られてきたものも少なくない．とくに大切であるものについては，法制度などによる規制ルールが設けられ，産業振興や都市化などによる開発圧力から守られてきた．

自然環境保全法や自然公園法，鳥獣保護法など自然環境や生物の保護に関する法制度をはじめ，文化財保護法や古都保存法のようにまち並みや建築など人文資源の保護に関する法律などもあり，人為を規制することにより重要な資源を守る制度が整備されてきた．

この「規制制度による保護」とは，保存と活用（保護と利用）を対立的に捉え，利用や活用をはじめとする人為（人の営み）を遠ざけることによって資源を守ってゆくという考え方に基づいている．

しかしながら，社会の価値観が変化する中で，地域資源に対する認識が変化し，大切に守りながらも持続的に活用していこうとする考え方が主流となってきた．

規制制度によって人為を遠ざけて守るよりも，人々が地域資源に触れ，その重要性を共有するとともに魅力を域外の人々にも発信するなどして活用し，そのことで得られた成果を資源の保全や洗練に結びつけるという循環型管理の考え方である．

つまり「循環型資源管理」とは，保全と利活用を対立概念として捉えるのではなく，一連の循環として捉え，地域の人々と協働しつつ，持続的に活用していく過程で，資源をさらに磨いていくという考え方である．

この循環型の地域資源の取り扱いは，図9.1に示すように，単に保全と活用といった営み（行為）だけで実現できるわけではない．「発見・洗練」→「共有・伝達」→「保存・保全」→「利用・活用」というように，地域資源を新たに見出したり，調査や研究を

通して価値を深めたり洗練させたりする行為と，人々にその価値や重要性を広く周知したり，皆で共有したりする行為をあわせて行っていく必要がある．

図 9.1　地域資源の循環型管理の概念
地域資源を守ることと利活用することを，対立的に捉えるのではなく，循環的に捉えることで，地域の主体が協働して，守りながら持続的に利活用していくという考え方が主流となってきた［「平戸島の文化的景観整備活用計画（案）」（2014）より作成］．

9.2　地域資源を顕在化する

a. 地域資源の発掘・再認識

観光まちづくりにつながる地域資源は，地域を代表する有名な観光資源だけではなく，地域に暮らす人々の日常生活の中で育まれてきた多様なもの・こと・そして人までもが幅広く対象となる．ゆえに，埋もれた地域資源や，埋もれたまま失われてしまいかねない地域資源が少なくない．

そのため，観光まちづくりに取り組む地域では，広い目で地域資源の発掘を行い，第一部で扱ってきた地域の特性を踏まえつつ捉え直すことが不可欠である．これは，取り組みの初期段階だけでなく，定期的，継続的に行うことによって，地域資源を活用しながら守っていく確固たる基盤となる．以下では，その基本的な方法と考え方を示すが，地域ならではの方法を模索することが大切である．

1）既存資料の整理による地域資源の把握

まずは，すでに地域資源として一定程度認識されている資源の全体像を，以下のような観点および関連資料をもとに改めて整理することが基本となる．

指定・登録文化財の把握

国や地方公共団体による指定・登録文化財は，多くの場合，地方公共団体の文化財部局などのHP上で公開されている．また，文化庁による「文化遺産オンラインデータベース」も年々充実している．時代・分野・地域・指定区分などでの検索に加え，関連する資源群の連想検索も可能である．これらを活用し，種別や時代，所在地を確認しながら，整理していく．

なお，我が国の文化財の体系は**図9.2**の通りである．いずれも観光まちづくりと多様な接点をもちうる地域資源だが，とくに，「文化

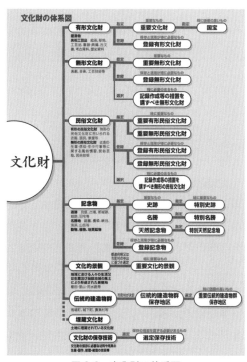

図9.2　文化財の体系図
[出典：文化庁HP]

的景観」や「伝統的建造物群」は，多数の私有財産から構成される面的な地域資源であり，住民の現在の生活や生業の場と重なることが多いため，観光まちづくりとの接点が多い．

景観重要建造物や景観重要樹木などの把握

2022年3月末現在，全国で799の景観行政団体が存在していて，文化財指定はされていなくても地域の個性ある景観づくりの核になる資源として，景観重要建造物，景観重要樹木を指定するケースも増えている．例えば，横須賀市では，小中学校や公園のサクラやイチョウなど住民にとって身近な樹木28件を景観重要樹木に指定している．

眺望地点と構成要素の把握

1章で地域資源としての風景について詳説しているが，眺望地点は，地点自体もそこからの眺望を可能とする要素群も，住民・来訪者双方をひきつける地域資源といえる．景観条例や眺望景観に特化した条例で定めている地域が多いので，条例の内容とあわせて確認したい．三島市（静岡県）では，「富士山その他の三島特有の景観を眺望できる地点」を眺望地点として景観条例で指定している．金沢市（石川県）では，「金沢市における美しい眺望景観の形成に関する条例」を定め，地形的・歴史的な特性から4種類（**表9.1**）に大別して眺望点を指定し，近景，中遠景の景観

表9.1　金沢市が定めている4種の眺望景観

種類	特徴
山並みへの眺め	河川およびこれに沿った街並みならびにこれらの背景にある山並み等によって一体的に構成される眺望景観
見下ろしの眺め	台地，城跡等から一定の広がりを持った街並みを見下ろす眺望景観
通りの眺め	通りの街並みおよび通りの先の背景によって一体的に構成される眺望景観
見晴らしの眺め	公園，緑地等から当該公園，緑地等及びこれらの背景にある自然の広がりを見渡す眺望景観

形成基準を設定するなどして，美しい眺望景観を形成しようとしている．

「全国観光資源台帳」からの把握

（公財）日本交通公社のHP上で閲覧可能な「全国観光資源台帳」は，感動を生み出す"ふるさとの誇り"を観光資源と捉え，都道府県別，市区町村別，資源タイプ（自然資源10種類・人文資源14種類：表1.1参照）別に日本全国の観光資源を抽出することができる．また，日本のイメージの基調となっている資源を特A級資源・A級資源として選定していて，自らの地域や周辺地域におけるこの所在を把握することで，国内外の多くの人々を地域へ惹きつけるきっかけを知ることができる．

来訪者が情報収集を行う媒体からの把握

自治体や観光協会などが発行している観光パンフレットやマップ，HP，出版各社によるガイドブック（例：るるぶ，まっぷる，ことりっぷ，Time Out, Lonely Planet）など，来訪者が情報収集を行う媒体で，すでにどのような地域資源が紹介されているかを把握することができる．特に，発行者が民間の媒体からは，前述までの整理では抽出がしづらいが地域への集客に結びついている商業施設や工房などをあわせて把握できる．なお，各読者層を踏まえた分析も重要である．

2）潜在的な地域資源の発掘

上記の既存資料の包括的整理で得られる資源リストはすでに顕在化した資源が多いが，並行して潜在的な地域資源を発掘していくことが，観光まちづくりでは重要である．

参加型手法での地域の魅力や記憶の発掘

地域の住民などを対象としたまち歩きやワークショップを通して地域の魅力や記憶を発掘していくことは，各地で行われてきた基本的かつ重要な方法である．地図を拡大した

ガリバーマップや模型を用意したり，古老に話を聞いたり，参加者で現地調査をしたりすることによって，思わぬ貴重な情報と出会えることも少なくない．二戸市では，丁寧なプロセスを経て，表9.2のように「自然の宝」「生活環境の宝」「歴史文化の宝」「産業の宝」「名人の宝」「要望の宝」という独自の6つの宝を設定して，幅広い地域資源を発掘することに成功した．

表9.2　二戸市における6つの宝［真板（2016）］

自然の宝 （共に生きる仲間さがし）	人間にとって生きる基盤．気象，山，川，風景，湧き水，動植物，化石など
生活環境の宝 （生きるための知恵）	自然との関わりで自然をうまく使って生きていく生活の知恵の体系．料理，織物，郷土食材，地域信仰など
歴史文化の宝 （先人の足跡をたどる）	人，物，文化の交流の軌跡と形成された歴史・文化．文化財，歴史街道，年中行事，祭など
産業の宝 （外部世界への発信）	二戸市の顔であり，外部世界に向けた情報発信力のあるブランド商品ともいえる自慢のもの．伝統技術・工芸品，特産品，食材など
名人の宝 （二戸の知恵袋）	先人の知恵や技の受け継ぎと伝承している地域の生き字引や名人．芸能，郷土史，工芸，郷土料理，民話などの名人，達人
要望の宝 （未来へのエネルギー）	まちを良くしようと思う住民の潜在的エネルギー

残したい地域の風景や記憶の公募

前述のまち歩きやワークショップなどは現場で議論を深めることができるメリットがある一方で，機会も参加者も限定的にならざるをえないという課題がある．そこで，人々が「残したい」と考えている風景や記憶の公募も，各地が試みている有効な手法である．自治体や関連団体のHPや広報，近年はSNSなどを通じて公募しているところが多い．複数の手法を併用することで，より多くの住民や地域のファンが考える大切な地域資源を掘り

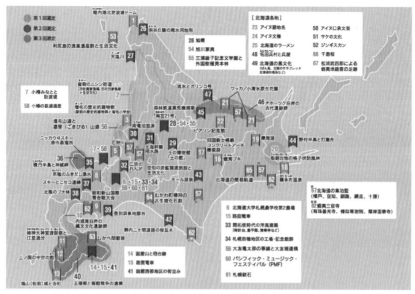

図9.3 次の世代に残したい北海道の宝物：北海道遺産（全67件）
[NPO法人北海道遺産協議会事務局]

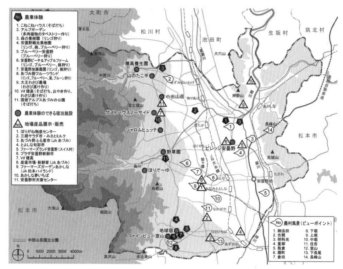

図9.4 安曇野市の農・食に着目した地域資源分布
[安曇野市観光振興ビジョンより]

起こすことができる.

例えば，「北海道遺産」（**図9.3**）は，「地域の宝物を掘り起こし，育成・活用する過程で地域づくりや人づくりを展開する・自分が暮らすまちや地域への愛着と誇りを醸成する・観光の促進をはじめ，地域経済の活性化へとつなげる.」ことをねらいとしている. 大都市である東京でも，「せたがや百景・地域風景資産」（世田谷区）や「まちの記憶」（千代田区）などの掘り起こしが積み重ねられていて，各現場での展開につながっている.

特定テーマからの地域資源の見つめ直し

地域の特性やビジョンの内容などを踏まえ，特定のテーマから見つめ直すことで顕在化する地域資源も多い. とくに，近年は，地域への経済波及効果が期待される地場産業や

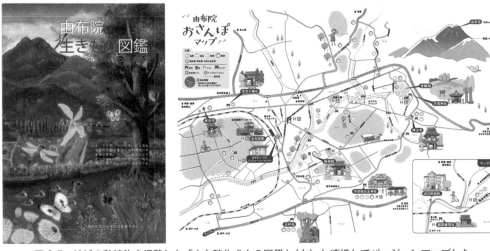

図9.5　地域の動植物を掲載した「由布院生きもの図鑑」（左）と連携してバージョンアップした
「由布院おさんぽマップ」（右）
［一般社団法人由布院温泉観光協会］

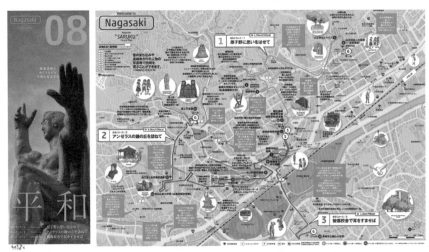

図9.6　長崎さるくコース「平和」の表紙（左）とマップ（右）
［一般社団法人長崎国際観光コンベンション協会］

食は重要な切り口となっている（図9.4）.

　周囲の豊かな自然環境を大切にしてきた温泉地である由布院では，「爬虫類・両生類・水辺の生き物」を地域資源として捉え，改めて調査を実施し，「由布院生きもの図鑑」を作成し，この図鑑の情報と従来の「おさんぽマップ」とを連携させることで，自然環境を大切にしてきた地域としての再認識と新たな地域の楽しみ方の発信につなげた（図9.5）.

b. 地域資源の相対化と課題の把握

1）マップやカレンダー上での整理

　ある程度地域資源の情報が収集・整理できたら，資源の種類やテーマごとにマップ上にプロットする作業（図9.4〜9.6）と，カレンダー上で時期別に並べる作業を行う（2.4節参照）ことで，地域資源同士の空間的・時期的な関係性を視覚的に確認することができる.この作業は，9.3節b「共有」と9.3節c「伝達」のための重要な準備作業でもある.

2）類似資源や周辺地域の資源との比較

　類似の地域資源を有する他地域や近隣地域との比較を行い，自らの地域資源の個性を相対化・客観視し，再認識することも欠かせない．例えば，「蔵の町」として知られる喜多方では，川越との比較によって，蔵の種類が見世（店）蔵だけでなく，醸造蔵，漆器蔵，座敷蔵，厠蔵，塀蔵など豊富であること，周辺の農村集落にも集落ごとに特徴ある蔵が建てられ，家や集落の誇りとなっていること，そこで生産された原材料と飯豊山の伏流水を活かした醸造業がまちなかで発達した豊かさが独自性であることに気づいた．

3）利活用実態，来訪者の嗜好や評価の把握

　地域資源を観光まちづくりにつなげ，魅力にするには，利活用実態と来訪者の嗜好や評価の把握も重要である．来訪者に来訪目的，立寄場所，来訪満足度，再来訪意向や感想を直接尋ねるアンケート調査やモニターツアーは有効な手法である．いずれも，観光まちづくりを考える範囲だけでなく，生活圏・行動圏を踏まえた周辺地域を含む範囲を調査対象として設定することがポイントである．

　また，近年は，SNS上でのハッシュタグ#検索や，検索情報と位置情報に関するビッグデータから，地域資源同士の関連性やユーザーの行動及び評価などを窺い知ることもできるので，程よく活用したい．

4）利活用に際しての課題の把握・整理

　観光まちづくりにつなげ，魅力を高めていきたい地域資源の実態と課題がみえてきても，更なる利活用の検討段階になると，老朽化やキャパシティなどの物理的・技術的課題，世代交代や経済的負担など所有者が抱える課題，利活用を阻害する制度的課題などが，複雑に絡み合いながら立ち塞がってく

る．これらを早くから丁寧に把握することで，以下の節で述べる解決策へつなげていくことができる．

　例えば，合掌造り家屋が地域資源かつ観光資源として広く知られる白川郷（図9.7）では，地域の顔である茅屋根を守るためには，茅場，葺替技術，結という相互扶助の仕組み，それらを支える人材と費用が不可欠である．もともと養蚕や硝酸生産を前提として建てられた家屋で現代の生活に制約がかかる側面も避けられないことから，所有者および家族などの意向も重要である．また，周辺の森林や田園とそれらを結ぶ水路などが一体的に存在していることに機能的・景観的意味がある．これらに自覚的な住民組織のたゆまぬ話し合いと取り組み，行政との連携によって，時代ごとに直面する課題を乗り越えてきたのである．

図9.7　地域ならではの合掌造りの景観を支える
地域資源群（筆者撮影）

9.3　地域資源を共有し伝達する

a. 共有と伝達

　地域資源を有効にそして持続的に保全・活用していくうえでは，その存在と価値の「共有と伝達」が重要である．

　地域資源の存在と価値を地域コミュニティで「共有」することが，それら地域資源を保

全しつつ持続的に活用していくうえでの大前提となる（**図9.8**）．9.1節で述べた，法制度などによって行為を規制して守るにしても，循環型で管理するにしても，地域コミュニティにおける様々な立場の人々が，地域資源の価値を共有するとともに，保全・活用に向けた方針の合意がなければ，観光まちづくりに結びつけていくことは難しい．

　観光客など来訪者に対して発信・伝達するにしても，地域で価値を共有してはじめて，広範かつ充実した発信が可能になる．一方で，来訪者に発信・伝達することは，資源価値の確認や再認識にもつながり，地域内での共有の強化にも結びつく．つまり，共有と伝達は，相互に強化し合うものであり，地域資源の共有・伝達という行為も，観光とまちづくりを結びつけ，地域の活性化に貢献するものと位置付けられる．

b.　共有：ストーリー（物語）

　地域資源の存在と価値を共有するうえでは，官民が一体となって，まずは学校教育や社会教育，資源をテーマとしたイベントなどを通して象徴化していくことがポイントであ

る．その際，モノとしての地域資源単体だけではなく，地域資源と地域の自然・歴史との関係や，地域資源相互の関係性を，地域のストーリー（物語）（**図9.9**）として共有することが有効である．

　地域に存在する個々の地域資源は，地域の自然条件や歴史・文化的背景と関わりを有しており，その基盤を共有しているといえる（**図9.10**）．したがって，第1章で述べたように，地域資源は「複合性」を有しており，これらの連鎖的な関係をわかりやすく物語るものがストーリー（物語）である．つまりストーリーとは，地域の自然や歴史の特質の一部について，地域資源との関わりを通して物語ることに他ならない．

　さらに，地域の自然の特性や歴史を語る中で地域資源を位置付けていく作業ともいえ，

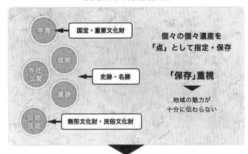

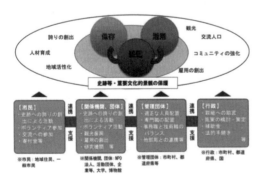

図 9.8　多様な主体の連携と地域資源の共有
観光まちづくりを進めるうえでは，地域コミュニティにおける多様な主体が地域資源の存在と価値を共有し，保全・活用に向けた方針の合意のもとに連携する必要がある
[出典：文化庁記念物課，史跡等・重要文化的景観マネジメント支援事業報告書, 2015].

図 9.9　「ストーリー」とは
行政の支援事業でも，複数の地域資源の関係について地域の個性（自然や歴史の特質）をわかりやすいストーリーとして活用するという考え方が出てきている [出典：文化庁・日本遺産ポータルサイト].

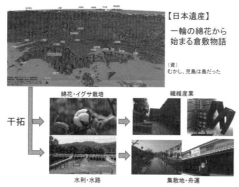

図9.10　日本遺産として認定を受けた事例：
　　　　　倉敷市「一輪の綿花から始まる倉敷物語」
現在の倉敷を象徴する風景や産業は，浅海という地域の自然条件との長いつきあいの中で形成されてきた一連の歴史物語として語ることができる［写真：倉敷市］.

図9.11　またぎによる森のガイド
写真は日々の暮らしの中で森を知り尽くしたまたぎによる森のガイド. その他, ガイドには, 自然や歴史の専門家による案内もあれば, 地域の人々による暮らしの紹介, ガイド技術を身につけ, 参加者に安全・楽しさ・興味を提供するプロのガイドによる案内などもある.（筆者撮影）

個々の資源に関する情報を単独に記憶することよりも，その存在や価値を共有し伝達するうえで有効であると考えられる.

c.　伝達：ガイド

　また，地域資源の魅力や価値を伝達する方策については，空間整備を中心とするハード面の他，文字や画像によるものや，ガイドをはじめ人が伝えるものなど多様である.

　人による伝達つまりガイドは，来訪者（観光客）とのコミュニケーションを通して，ニーズに応じた地域の情報をきめ細かく伝達することができることに特徴がある.

　そして住民ガイドからプロのガイド（図9.11）まで，多様なタイプのガイドを地域に揃えることで，観光客の多様なニーズに答えることができる. 観光客の中には，地域に暮らす人とふれあい地域の暮らしを知りたい体験したいといったニーズもあれば，歴史・文化や自然生態系の専門的な情報を求めるニーズもある.

　こうした観光客のニーズを，マーケティングなどを通して把握し，それに応えていく必要がある. またガイドやインタープリテーションは「技術」としての側面と，純粋に「知識」や情報に関わる側面の両者があり，ガイドの質を高めるうえでは，この両者に配慮しながら，研修や資格・認証などを促進し，人材養成に力を入れる必要がある.

　また，空間整備や解説板・リーフレットなどを通して情報を伝えることもできる. こうした案内板やパンフレットによる紹介は，多様な人々に広く情報を伝えることができる点に特徴がある. 近年では，情報機器を用いて，各人のニーズに合わせた情報提供や拡張現実あるいは仮想現実などの提供も，技術的には可能になっており，人的資源によるガイドとの中間的な位置付けでのセルフガイド（図9.12）も可能になってきている.

9.4　地域資源の保全と活用，そして洗練

a.　地域資源の保全

1）保護・保全に対する考え方の変化

　地域資源は，地域の人々にとってそして観光まちづくりにとって大切なものであり，保

図9.12　案内板によるセルフガイド
案内板による地域の紹介. こうしたセルフガイドは, 多くの人に情報を伝える点では有効であるが, 興味深くかつ効果的に, そして資源性を損なわないように伝えるための文面や設置場所に工夫が必要である. (筆者撮影)

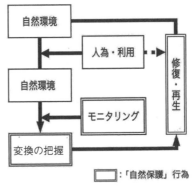

図9.13　順応的管理による保全の概念

全しつつ持続的に活用していくことが大前提となる. こうした地域資源を守ってゆく方策としては, 大きく, ①規制制度による静的保護と, ②順応的管理による動的な保全, の2タイプがある.

①規制制度による保護　第1節でも述べたとおり, 法律をはじめとする行政制度により, 開発や産業などに伴う行為を制限するルールを設け, 人為を排除したり遠ざけたりすることによって環境や資源に対する影響を小さく留め守っていく方策である.

②順応的管理による保全　持続的に利活用することを前提とし, その影響や経年劣化によって変化する地域資源や環境の状態を頻度高くモニタリングしながら, その状態に応じて, 修復, 復元などを行っていく動的な管理方策である (図9.13).

そして, こうした地域資源の守り方に対する考え方は変化しており, 規制制度によって人為から遠ざけて棚上げしてしまうのではなく, 人々の身近な資源として適切に利活用しながらも順応的管理を通して保全していくという考え方へと比重を移しつつある. 地域で価値を共有し, 皆で守ることを通してまちづくりに結びつけていくという考え方である.

このように地域資源を利活用していくことを前提とすれば, 利活用によって少なからず資源にも影響が生ずると考えられるし, 経年的に資源が劣化することも想定する必要がある. 資源の状態をモニタリングしながら, 必要に応じて手を加えるという動的, 順応的な対応が適切であると考えられる.

2) 順応的管理に際しての課題

こうした動的な保全管理には, 頻度高いモニタリングをはじめとするきめ細かな対応が必要であり, 地域の人々による日常的な見まもりや支援が不可欠である. 一方で, 従来どおり専門家による資源状態の診断や, 対処方策に関わる判断も必要であり, 事業者, 住民, 専門家などの協働によるモニタリングの仕組みを構築することが課題となる (図9.14).

そして地域の人々を巻き込んだ参加型物モニタリング調査についても, 実際に進めるうえでは, モニタリングの対象や場所の設定などに, 一般の人々でも容易に参加ができる工夫が必要である. それを具体化した調査記録フォーマットやガイドラインの作成など, 地域の実情に合わせた調査方法の検討が必要となり, こうした調査の組み立てに関しても専門家の関与が必要となる.

b. 地域資源の利用・活用

地域資源の適切かつ有効な利活用を促すためには以下の点に配慮し環境を整える必要がある.

1) 個別の資源に関わる整備

各々の資源が適切な環境に置かれ，有効に活用されるよう，周辺環境を含め整える必要がある. その際，適切に関連情報が伝わる整備もあわせて行うことが重要である.

一つ一つの個別資源の状態が調えられ良好な状態であること，そして，その観賞をはじめとする利用が快適にそして豊かに提供されることが基本である. 例えば，資源を良好にかつ印象深く見せるとともに，資源に負荷をかけないためのデッキや到達路を整備することなども1つの方策である（**図9.15**）.

また，同時に，その資源の性格や歴史，そして地域社会との関わりや，他資源との関係などの情報が適切に伝わるような，情報提供に関わる整備も必要である.

2) 資源相互の関係を伝える整備

複数の資源の組合せの工夫や，資源相互の関係を見せることで，地域を，ストーリーに基づくフィールドミュージアムとして整備することも重要である.

9.3節bでも述べたとおり，個々の資源は地域の自然環境や歴史に位置付けられたものであり，同時に資源相互にも様々な関係が存在する. こうした関係を地域のストーリーに基づいて，観賞などの利用ができるよう，地域全体をフィールドミュージアムとして整備し，利用に供することも，地域の自然や歴史

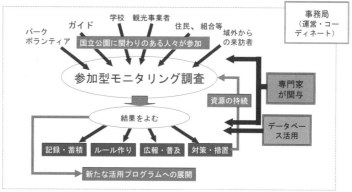

協働型モニタリングシステム

図9.14　協働型モニタリングシステムの全体像
[出典：環境研究総合推進費（令和元〜3年度），共創時代における地域資源としての国立公園の保全管理モデルの構築]

図9.15　展示整備
個々の資源を観賞するための特別なスペースやアクセスの整備を工夫すること，また他との取り合わせによる見せ方や情報提供のあり方などを工夫することで，資源を印象深く見せることができる.（筆者撮影）

を系統的に伝えることにつながり，資源を観光まちづくりに活かすうえで重要である.

その際，基本的な空間概念は**図9.16**の例で示すように，地域の自然や歴史をわかりやすく伝える「情報拠点」，域内に点在する良好な観賞や体験を提供する「地域資源」，それら資源を相互に結んだり到達したりするための「道」が適切に整備される必要がある.

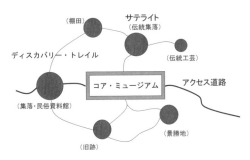

図9.16　エコミュージアムの空間構成概念

図9.17　阿蘇一宮門前町・水基めぐり
地域の水環境と，人々の暮らしとの関係は，各地域それぞれに大変特徴的であり，水利用のための「装置」にも地域らしさが表れる．（筆者撮影）

　そして「情報拠点」については，地域の自然や歴史文化が総合的に展示されることが求められるが，個々の詳細な情報もさることながら，地域の自然の特質と人々の暮らしとの関わりの変遷がストーリーとしてわかりやすく情報提供することが重要である．

　また点在する「地域資源」に関しては，まずは，個別の資源に関わる整備で述べたとおり，各種の資源が印象深く提供されることが重要である．そして同時に，各資源が地域の自然や歴史の特質とどのような関わりを有しているのか，また資源相互がどのような関係を有しているのかに関する情報もあわせて提示していくことも重要である（図9.17）．

　そして「道」に関しては，地域内において資源相互を結び巡る「移動・探索路」と，地域あるいは主要な資源に到達するための幹線的な「到達路」が考えられる．「移動・探勝路」は，歩行や自転車によって点在する資源を巡りながらゆっくりと地域内移動することを想定して整備することが重要であり，歩車の分離や共存による安全・安心，ユニバーサルデザイン，周囲に展開する地域の風景などに留意する必要がある．近年では，車椅子利用を想定した探勝路なども整備されるようになっており，段差，傾斜，路面はもとより，視線の高さに配慮した情報提供や専用のガイドにも配慮されるようになってきた．また，

「到達路」に関しては，サイン計画のみならず，街路樹や照明，ガードレールなどの施設のデザインを通して，自動車の移動速度でも，地域の内外や資源への近接性が伝わるよう整備することが重要である．

c.　地域資源の洗練を組み込んだ仕組み

　地域資源の利用によって（観光展開によって）地域に流入した域外からの資金は，単に観光サービスへの対価として観光事業者に供されるだけでなく，地域資源をモニタリングしながら再生・修復するための費用や，さらにはその資源性を高める（磨きあげ，魅力を向上させる）ことにも活用していくことが，観光まちづくりにとって重要である．

　そして，これまでも述べてきたように，地域資源を順応的に保全・管理するとともに，さらには調査・研究をも促し，資源性を高めていくためには，これらを担う人材と財源が必要になる．

1）財源について

　地域資源の利活用によって生み出された資金の一部を財源として，地域資源の保全や価値の洗練に還元する仕組みの構築が求められている．つまり，地域資源を保全し磨きあげ

るためには，資源の状態把握のためのモニタリングや，資源の再生・修復，資源周辺の諸整備，資源の背景としての自然や歴史に関わる調査や研究，またマーケティングやブランディングのための調査などが必要であり，そのための財源確保が課題となっている．

そして近年では，来訪者に協力金を求めることや税を設定するなどして収集した資金をもとに，地域資源や環境を管理するための財源（基金等）を設置する試みが各地で実施されるようになってきている（表9.3）．こうした事例の広がりは，地域資源管理への協力に対して，観光客もあまり抵抗を感じなくなっていることが背景となっている．ただし，協力資金の使途については公開提示することが求められ，資金提供者の了解が得られるよう十分に留意・検討する必要がある．

2）担い手について

また，こうした基金などを管理するとともに，順応的管理を促進する担い手としての組織を設け，その組織を維持していくための資金への還元も想定しておく必要がある．

そして地域資源を管理・洗練する活動を実働させるためには，地域の行政や事業者，住民をなど異なる立場の人々が協働する必要がある．そのためにはそれら関係者を集めて連絡・調整する「協議会」のような組織と，その組織を実働させるとともに，資源の管理・洗練業務を計画・実施していく「事務局」の存在を念頭に置く必要がある（図9.18）．

実際には，この事務局が重要であり，地域の在り方に関する公的理念を有するとともに，事業や組織の持続性に関する企業的センスを有した人材が中心となった組織である必要がある．こうした事務局のリーダーを広く公募し，域外に人材を求める動きもある．

文　献

文化庁記念物課（2015）『史跡等・重要文化的景観マネジメント支援事業報告書』
下村彰男（2020）『風景という絆の行方』
西村幸夫 他著（2009）『観光まちづくり』，学芸出版社
公益財団法人日本交通公社（2019）『観光地経営の視点と実践　第2版』，丸善出版
文化庁，文化遺産オンラインデータベース https://bunka.nii.ac.jp/db/
公益財団法人日本交通公社 「美しき日本全国観光資源台帳」 https://tabi.jtb.or.jp/
真板昭夫（2016）『地域の誇りで飯を食う！』，旬報社
大原一興（1999）『エコミュージアムへの旅』，鹿島出版会

表9.3　資源管理の新たな財源例

区分		内容
受益支援	税	環境税，環境保全税などの名称
	協力金　直接	協力依頼のうえ直接的に徴収
	協力金　上乗せ	駐車場料金やガイド料金などへの上乗せ
一般協力	商品購入　直接	バッジやオリジナル商品などを開発し販売費用を充てる
	商品購入　上乗せ	既存の商品に上乗せして徴収
	寄付（基金）　限定	対象を限定した基金への寄付（会員会費などもあり）
	寄付（基金）　広範	全国等広範な対象を想定した企業などによる基金

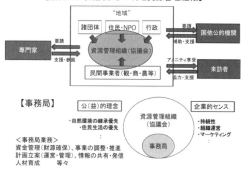

図9.18　資源管理組織（協議会など）と事務局

第10章　多様な主体とつながる

米田誠司・清野　隆

　地域には多様な主体が存在する．そして，多様な主体の参加と連携は，持続可能な地域社会の実現に不可欠であり，様々な状況の変化や課題に柔軟に適応できる．本章では，多様な主体の参加，連携と価値創造に必要となる関係性の構築を主題とする．多様な主体が地域のビジョンを共有し，連携して観光まちづくりに取り組むためのプロセスを概説する．

10.1　主体間の関係性構築に向けて

a. 関係性構築の前提

1）地域とはどういうところか

　観光まちづくりの前提となる地域とは，いったいどういうところか．地域は，それぞれの歴史，文化，自然環境，成り立ちなどを背景にした，人々の生活空間そのものである．こうした地域は，大都市にも地方にも存在するのだが，逆にいえば，都市も農山村も地域で構成されているとみることもできる．さらに特徴として，地域には規模の大小と階層性があるのだが，このことについては後述したい．

2）コミュニティの原則

　主体間の関係性を考えるにあたり，コミュニティ形成の2つの原則についてみてみたい．それは自発性の原則と自前主義の原則である．まず自発性の原則とは，活動の選択は活動主体である個人の自由な意志に基づいていることを意味し，自前主義の原則とは，時間や労力などの活動資源を自分で，あるいは自分たちで負担することを意味している（大森，1982）．例えば，地域ごとに組織される自治会なども大切な地域の主体であるが，一方でコミュニティは参加者個人の自発的な思いが出発点であり，そうした思いが後述する理想像（ビジョン）を共有することからコミュニティの活動はスタートする．

　またコミュニティは「共に重荷を担い合う活動」とも定義されており，この場合の「重荷」とは，自分と異なった他人の存在を承認したうえで，その他人と共に生きるための共通の目標なり，解決すべき問題であるとされている（大森，1982）．とすれば，コミュニティは，参加者が自前の資源を持ち寄って自発的に共通の目標や解決すべき問題に立ち向かうものであり，関係性を論じる前に，主体そのものや，参加者の主体性や自律性をまず確認しなければならない．

3）○○シップ

　個人であれ，団体であれ，関係性を検討し

類型化するにあたって，いくつかの○○シップを想定してみたい．この○○にはいろいろな言葉が入りうるが，ここでは3つについてみていきたい．

まずある個人あるいは団体が主導する「リーダーシップ」である．リーダーシップとは，明確な目標を設定し，参加者の意欲を高め，指導力を発揮しながら前進することである．

一方でそうしたリーダーを支える「フォロワーシップ」も地域では欠かせない．リーダーは孤独になりがちであり，リーダーの示す方向性を共有し，仲間を励ましつつリーダーをフォローして支え，前進していく．さらに地域はワンテーマで成り立っているわけではなく，テーマごとにリーダーが変わり，フォロワーが変わるのも健全な姿である．

また個人あるいは団体間の「パートナーシップ」も観光まちづくりでは欠かせない．これはたてにヒエラルキーで結ばれる関係性ではなく，ヨコに対等に連携するものであるが，互いの性質や違いを十分に認識したうえで，ヨコに有機的に連携することが大切である．

b. 関係性の種類と機能

1）ステークホルダーとその関係性

ではその地域における主体を，まずステークホルダー（利害関係者）としてリストアップしてみたい．地域住民やコミュニティが出発点であるが，住民が組織する自治組織や法定のまちづくり協議会などがまず挙げられる．そしてまた住民が組織するNPO，ボランティアグループ，中間支援団体なども存在する．また自治体を運営する行政や，地域の産業を担う各企業，住民や企業が組織する社団法人や財団法人，各種組合などもステークホルダーとして挙げられる．実際，これらステークホルダーが一堂に会することはそう多くないが，一方で，テーマごとにあるいはエリアごとに，ステークホルダーが参集し，何らかの目的を持ったプロジェクトチームや実行委員会が組織されることは多い．

2）ガバナンスと様々な関係性

ガバナンスについて，例えば行政では十分に手が届かない障がい者・外国人・ホームレスなどへのきめ細かなサービスを行政以外が提供するケースが増えてきた．公共セクター，企業を中心とする民間セクターに加え，市民セクターも「ガバナンス」の重要な主体になっている．図10.1は，「ガバナンス」のイメージ化のために，公共セクター（政府），②民間セクター（企業），および③市民セクター（NPOなど）の関係を図示したものである（西尾，2016）．このように従来地域の政策では行政が中心に語られることが多かったが，現在では企業や市民が公的分野に関わることも多くなっている．

次に考えるべきことは，全体と一部の関係である．数多くの地域を1つのまとまりである自治体として運営するのが行政の役割であるが，その集合体としての地域である自治体と自治体を構成する数多くの地域との関係を

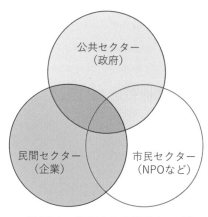

図10.1 ガバナンスの関係イメージ

どう考えるのか，あるいは地域同士がたてヨコに連携することも捉えなければならない．

さらには21世紀に入って，地方自治体は「平成の大合併」を経て，それぞれ別の自治体であったものが，廃置分合して新しい自治体となった場合もあり，空間としての地域の捉え方の変化にも留意したい．

3）域内・域外・域間の関係

視点をさらに広げて，地域の内部のことに加えて，グローバル社会を前提にすれば，地域は常に地域の外部の存在を意識しなければならない．さらには隣接する地域や，隣接していなくとも志を同じくする地域と連携を図る場合もあり，場合によってはアライアンスを組むこともできる．ということは，地域内の連携，地域外との連携，地域間の共同・協働という，3つのフェーズで考えてみたい．

まず地域内の連携については前述したとおりであるが，さらに加えるとすれば，ステークホルダーが参加しやすい場をどのようにデザインできるか，また理想像の共有方法にもさらなる工夫が必要である．

地域外との連携では，本来の自地域の理想像やステークホルダーの意思とその共有が出発点であるが，そのうえで外部の主体の目的が自地域の目的と重なるのか，あるいは，相手がパートナー足りうるのかを見極め，これらが確認できれば，地域外の主体と関係性を深めればよく，一方で自地域の方向性と外部が目指す方向性が異なる場合はあえて連携しないという意思決定も重要である．地域らしさというものは，こうした意思決定の積み重ねで守られ，醸成されていくものである．

最後に，地域間の共同・協働について，共有できるテーマが存在するのであれば，共同や協働のスキーム構築を自由に試みることが

できる．隣接する地域で長年培われきた関係性を背景に取り組むものもあれば，たとえ域外で遠距離の地域同士でも，これからの理想像を共有し，志を同じくすることができるなら十分に連携を図ることができる．

c. 課題解決と価値創造

1）理想像の共有

地域は様々な歴史的・自然的条件に規定されると冒頭に述べたが，そうした地域それぞれに歴史や伝統があるように，地域では様々な課題が先人から引き継がれ，そして日々新たに課題が発生している．先にみたステークホルダーで力をあわせてこうして課題に向き合うとき，どのようにしたら，課題解決に向けて良いチームが組めるのであろうか．あるいは単に課題を解決するだけでなく，次代を見据えて新しい価値を創造していくためには，どのように取り組んでいったらよいのであろうか．

それにはまず，地域のこれまでの来し方を振り返り，今の時代にしっかり立脚し，そして将来を見据えることである．その将来を見据える際に必要となるのが，ステークホルダーで一緒に目指せる理想像の存在である．ただ，一人ひとりの生きざまや立ち位置が異なることはここまでみてきたとおりであり，理想像の共有は，実は並大抵のことでない．

また災害や疫病は前触れもなく地域にやってくる以上，平常時の関係性に加えて，非常時の関係性も重要になる．また関係性を維持しようと思えば，常日頃から，関係性を醸成し続ける仕組みと育む時間を必要とする．

2）チームで取り組む課題解決

地域の中でいかに課題に向き合い，そのことを解決するチームをどのようにつくって課題を解決するのか，あるいはチームで共有で

きる理想像をどう持ちうるかについて考えていきたい.

　前述したように, 地域では日々新たに課題が発生しており, 中には地域の課題が先人から引き継がれてきたものもある. そうしたとき, 課題を全て行政に依頼や丸投げするのではなく, まずは自分事として課題に向き合うことが出発点となる. そのうえで, 一人ひとりで解決できることは限りがあることを認識し, 課題ごとにチームをつくってまず検討し, 行政でなければできないこと, 住民でなければできないこと, 企業の出番があることなど, あるいはそれぞれが連携してできることも多く, プロジェクトチームの組み方にも工夫がいる.

　そしてチームとして到達目標を定めて, チーム内で役割分担して課題解決の道筋を示し共有していきたい. ただ関係者だけで議論するだけでなく, 場合によっては途中経過や成果を地域内で報告して, 理解者や賛同者を増やす努力をすることも大切である. そして一定の成果を挙げて課題解決できれば, チームを再編して次の課題に取り組めばよいのであるが, こうした経験値が地域で積み上がっていくことに大きな価値がある.

3）価値創造とイノベーション

　地域で課題に向き合い一緒に解決することは重要であるものの, 一方で時代の変化や社会の変容の度合いは加速しており, 次代に向けて新たな価値を創造していくことも重要である. それは前述した課題解決と異なるアプローチがいくつも存在するが, 例えば今は存在しないけれどもあるべき目標像を設定して, そこから逆算の工程を考えるバックキャストの方法や, 課題を昇華して乗り越えて新しい価値を創造するイノベーションなどの方法がある.

10.2　多様な主体と関係性を構築する

　次に, 観光まちづくりの推進や持続可能な地域の実現のために必要な地域内外の多様な主体との関係を構築するために行うべき調査や行動, プロセスについて論じたい.

a. 多様な主体に焦点を当てる

　観光まちづくりを推進する体制を構築するためには, 飲食, 宿泊, 交通といった観光に強く関連する産業の事業者, 農林漁業や商工業といった地域の基幹産業の事業者, 地域資源を管理する主体, そして地域住民が参画し, 連携することが望ましい（図10.2）. 4章で触れたように, DMOには地域の多様な主体の連携を推進する役割が期待されている. 実際にDMOが中心になって, 地域の多様な主体が参加する体制を構築している地域は増えている. 地方公共団体が果たす役割も大きい. 地方公共団体の計画や各種事業は, 地域内の事業者や地域住民の取り組みを支援し, 推進している. また, 地方公共団体とDMOが連携することで, 地域内の連携は広がり, 深まる.

　このような体制を念頭に置きながら, 主体間の関係性が希薄な地域では, 観光まちづくりの推進を契機に地域の主体間の関係構築を試みたい. 例えば, ビジョンの策定（第8

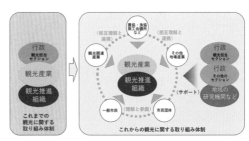

図 10.2　観光に対する取り組み体制のあり方
[出典：観光まちづくり　まち自慢からはじまる地域マネジメント]

章）や資源の魅力の再発見（第9章），情報戦略・情報発信（第12章）の機会を活用すると，多様な主体が出会い，理解し合う機会となる．主体間の関係がすでに存在し，連携が図られている地域においても，地域の問題発見や課題解決のきっかけになる．

b. 多様な主体が出会う機会や場をつくる

　次に，地域内外に潜在する観光まちづくりの主体を発掘する，または巻き込む方法について説明する．観光現象は常に変化する性格を持つため，観光資源や観光まちづくりで重点を置くべきテーマは時代とともに変化しうる．そのため，観光まちづくりの推進においては，既存の観光資源の活用や観光事業の活性化だけでなく，新しい観光資源の再発見も必要とされる．つまり，観光まちづくりは，新しいテーマを設定し，既存のテーマと統合しながら開拓する領野であり，常に変化を促すために新しい主体を発見して関係性を構築することが求められる．そこで，新しい主体が出会い，互いに意見を交わす場や機会を設けることが必要になる．

1）観光まちづくりに触れる機会をつくる

　地域には，そもそも観光や観光まちづくりとは無縁であると考えている人々や組織が存在する．観光をめぐる意見の相違や対立が生じる場合もあり，様々な立場から観光まちづくりを理解してもらうことが望ましい．そこで，観光まちづくりに関心を持ってもらう機会をつくることが考えられる．まちあるき，料理教室，ものづくり体験，講演会など，地域資源を知り，理解する機会は，地域内の人々にとって関心を持ちやすく，観光まちづくりを理解するきっかけになる（**表10.1**）．活動を行っている人々や組織が地域住民と知り合う機会となり，地域資源に関わる主体が増えることも期待できる（**図10.3**）．このような試みは，小規模で気軽に実施するとよい．小規模での実施はコミュニケーションが活発になり関係の構築に向いている．

2）潜在的な主体の発掘

　新しい主体，すなわち担い手を発掘することは，社会経済の変化に適応できる体制と地域の構築につながる．
　まちづくりの現場では，世田谷まちづくり

表10.1　地域資源が対象となる観光の例

地域資源	キーワード	具体例
下町空間	歴史継承，生活実感，界隈性	路地，長屋，木賃アパート，並べられた植木鉢，昔ながらの商店街，手作り，B級グルメ
近代化遺産	懐古，江戸，昭和	近代建築，橋，駅など土木遺産
祭り・年中行事	商い，B級	近代以前の風習，祭り
大企業，製造業	本物，ものづくり，高度成長期	工場，生産工程，製品の進化
地場産業，工芸	科学技術	伝統工芸品，職人
先端技術	キッチュ	町工場，職人
産業遺産		煙突，レンガ倉庫・工場跡
メディカル系	健康，癒し	散歩，銭湯，しもたや風居酒屋
先端・前衛系	刺激，躍動感	スノッブな建築，都市的アミューズメント，現代アート，ファッション
人間系	人情，ふれあい	体験，ガイド，昔話，市場
	知らない人	ヒューマンウォッチング，ライフスタイル

［出典：原田・十代田（2010）］

図 10.3 地域資源を活用したまちあるきや体験型学習の例

[筆者撮影]

図 10.4 ヨコハマ市民まち普請事業の事例紹介

図 10.5 まちづくり活動の成果発表会の様子

トラスト（東京都世田谷区）の「世田谷まちづくりファンド」や横浜市の「ヨコハマ市民まち普請」をはじめ，地域住民の主体的なまちづくり活動を支援する仕組みが存在する．地域環境を改善しようと志す地域住民がこのような仕組みを活かしてまちづくり活動を取り組みはじめている（図10.4，10.5）．市町村やDMOが同様の仕組みを構築して，観光まちづくりの新しい担い手の発掘や取り組み・事業の支援を行うと，観光まちづくりに携わりたいと考えている地域住民や事業者がアイデアを行動に移すよいきっかけになる．また，このような仕組みでは，活動団体間の交流を促進する機会を設けており，地域内の関係性の構築にも貢献している．

c. 主体間の交流や連携を深化させる

　地域内の主体が連携するためには，交流の機会や場を設けることが必要になる．ワークショップ，ディスカッションや研究の機会は，交流や連携を深めるきっかけとなる．明確なテーマの設定や問いの立て方などが成果を左右するため，ワークショップなどの準備は周到に行いたい．また，地域内の多様な主体が積極的に参加するよう様々な工夫を加えることが望ましい．例えば参加者が固定され

たり，偏ったりすると，期待する効果が得られないことや，女性や若者が参加しづらい，参加しても自由に発言しづらい機会では，目標とする成果を上げられないこともある．したがって，テーマや目標に応じて，参加してほしい人々に個別に声をかけたり，特定の人向けに機会を設けるなど工夫するとよい．温泉地由布院では，地元食材を活かした料理の提供を目指し，交流と情報交換のために料理人たちが「ゆふいん料理研究会」に取り組んでいる．20年を超える継続的な取り組みである背景には，明確なテーマや目標の設定，参加者の円滑なコミュニケーションを可能にする仕組みがある（図10.6）．

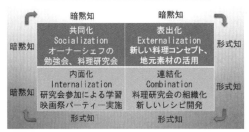

図 10.6　ゆふいん料理研究会
［出典：大澤・米田（2019）］

すでに観光まちづくりに取り組んでいる主体の相互関係を築いたり，刷新したい場合は，気軽に交流するギャザリングという方法もある．飲食や屋外での活動を伴いながらディスカッションするなど，プログラムや会場を自由で開放的に検討することで，柔軟な意見が出やすくなり，議論が活発になることが期待される．

COVID-19感染拡大は，人が集まり顔を合わせてコミュニケーションする機会を奪ったが，オンライン会議システムを用いたミーティングやイベントによる交流やコミュニケーションを活発にした．気軽に，より多くの人々が関係を構築する機会の有効活用も今後は重要になるだろう．

d.　交流や連携を生み出す場づくり

関係構築や連携の拡大と深化をすすめるためには，多様な主体が立ち寄って交流できる場所が有効である．近年増加している，シェアハウス，コワーキングスペースなどは，流動的に人が行きかい，偶発的な交流によって，創造性や創発性が高まるとされる．個性的で，多様な主体のコミュニケーションが積み重ねられ，主体間の積極的な交流やスムーズな連携に発展すると期待される．このような場づくりにおいては，空間，コンテンツ，マネジメントのデザインに配慮し，可視性，

対等性，資源持ち寄りを高めることで，新しい活動が生まれるようになる（飯盛，2021）（図10.7，10.8）．

効果的な場づくりのポイント

① 誰でも出入りしやすい仕組みづくり

② 多様な人々が気軽に参加できるプログラムの提供

③ 資源持ち寄りによる運営

図 10.7 交流を育む場づくりのポイント
［出典：飯盛（2021, 200-207）］

観光まちづくりにおいては，まちの駅，道の駅，ゲストハウスなど，域外から訪れる人と交流できる場を活用するとよい．多様な主体，中でも異業種に従事する個人や組織の交流が，新しい事業や仕組みの創出につながる．域内外の多様な主体が交流することによる価値創造も期待される．

10.3　関係性構築のさらなる深化と発展

a.　時間軸からの検討

今度は地域をめぐる時間軸について検討したい．現在の仕組みでは住民票を有するものだけが地域の住民であるが，それぞれの地域には，これまで地域を盛り立ててくれた先人があり，またやがて生まれてくる次世代のことも考えたい．また各地域の出身で故郷のことを思い続けてくれている人々もいる．とすれば，今の住民だけで地域を考えるべきでないことはまず自明である．

さらに観光まちづくりの現場では，よそから地域に観光や交流で来訪する人々のことも考慮に入れなければならない．具体的には，一定の期間だけ地域に存在する人々を，観光の対象としてだけ見続けるのか，これからの仲間として捉えるのかということである．

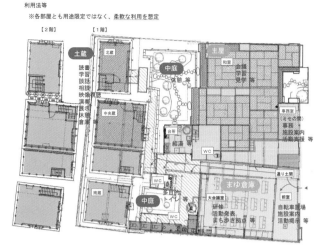

利用法等
※各部屋とも用途限定ではなく、柔軟な利用を想定

できること
○自主的な学習や学校行事、研究など学びの場
○部活やサークル、展示、発表、文化活動などの場
○会議、談話、相談など話合いの場
○映像視聴や読書、演奏、写真撮影、ボードゲーム、仲間づくりなど若者等の日常的な居場所
○若者等が木工、食品、農畜産物などの制作物を販売体験できる場
○祭り文化の伝承の場
○まち歩きやフィールドワークの拠点、サテライト・キャンパスとしての場

図 10.8　町家を活用した村半高山市若者等活動事務所（岐阜県高山市）
高山市内外の若者が主に放課後や休日に来訪して利用している。地域の歴史文化や魅力を学び、学校や年代を越えた交流が生まれている．（図面・写真提供：高山市）

　では**表10.2**をみてみよう．これは，観光と定住の間に，滞在日数で分類し，様々な段階があることを示したものである．例えば滞在型観光の必要性がずっと叫ばれてきたものの，この滞在ということは，実際地域でどのように位置付けられるのか．またここ数年COVID-19の影響により，リモートワークやワーケーションもライフスタイルとして定着しつつあり，さらには，二地域居住や新しいライフスタイルを求めて移住も盛んになってきた．こうして一定の期間だけ地域にいる人々と，どのように関係性を持つことができるのだろうか．

b. 滞在することの新しい価値

　観光まちづくりという概念も20年を経過し，大きく進展してきた．観光自体もCOVID-19により影響を受けてきたことはみてきたとおりである．では観光とまちづくりの両端から発想した観光まちづくりを，**表10.2**の地域における滞在期間から再検討してみたい．

　「観光」で来訪する人も単なる物見遊山で来る人ばかりでなく，地域の人々の暮らしぶりやライフスタイルに興味を持ち，繰り返し訪ねるリピーターも存在する．また回を重ねるごとに地域で関係性が増えてくることもあり，暮らすように旅をするというキャッチフレーズが流行るように，観光や旅と暮らしはさらに近づきつつある．

表 10.2　地域での滞在期間による分類

1日～3日	「観光」 ⇒おもてなし，ごちそう，非日常の演出
1週～3週	「滞在」 ⇒活動提案，日常食，自炊，FIT向けシステム
1月～3月	「二地域居住」，「短期居住」，「アメニティ・マイグレーション」，「ライフスタイル・マイグレーション」 ⇒仕事をしながら，地域にも足がかり
1年～	「移住」，「定住」 地域の主体，まちづくりの実践

また「滞在」について，一所で仕事をしなくてよい，あるいはリモートワークをする人々の割合は増えており，そうした人々は単なるワーケーションだけでなく，サードプレイスとしての地域を求めることが多い．それは非日常の旅でなく，一定の期間を過ごせる日常の場所であり，短い生活の場でもある．そうした滞在者に地域側からアプローチしまちづくりの輪に加わってもらうことには大きな可能性を内在している．

さらに「二地域居住」を模索している人は，似ている地域を探すのではなく，対照的な地域を探す場合が多い．例えば，大都市であれば風景明媚な農山村や，趣味が実現できるリゾート等を二地域目として選ぶことが多く，そこは観光ではなく生活の場を求めている．とくに欧米で先行している「ライフスタイル・マイグレーション」は，自分のライフスタイルと地域のライフスタイルのマッチングであり，地域側こそが自分たちの地域らしさやライフスタイルを研ぎ澄ませて表現することが大切である．例えば愛媛県内子町で滞在者の拠点であるゲストハウスは，9年前に移住した地域おこし協力隊出身のオーナーが営んでいる。オーナーは来訪者をもてなし，また地域の集落にも誘（いざな）っている。COVID-19の際にも多くの商店や飲食店の経営者を励まし一緒に苦境を乗り越えた今，地域の若手リーダーとして，また内子らしいライフスタイルを醸成するメンバーの一人として活躍している．

c. 関係性のさらなる深化と発展

これまでみてきた観光も，まちづくりも，滞在も，そして移住も，実はすでに流動化がはじまっていたのだが，COVID-19がそうした状況の背中を押し，一気に加速させてしまった．またリモートワークやオンライン会議があたりまえになり，距離の隔たりも大きな要素ではなくなってきた．そして人口減少社会の真っただ中である．地域が地域だけで，今地域にいる固定したメンバーだけで生きていけるはずもなく，どれだけ地域外の人々や企業と関わり，そうした外の知恵と力を地域に導入できるか，これが滞在から発想する観光まちづくりの新しいテーマである．さらには関係性そのものが今イノベーションのときであり，さらなる深化と発展を注意深くみていきたい．

文　献

奥田道大，大森　彌，越智　昇，金子　勇，梶田孝道（1982）『コミュニティの社会設計』，有斐閣

西尾　隆（2016）『現代の行政と公共政策』，放送大学教育振興会

米田誠司（2016）観光政策の担い手と新しい連携，『ECPR（38）』，愛媛地域政策研究センター

西村幸夫 編著（2009）『観光まちづくり　まち自慢からはじまる地域マネジメント』，学芸出版社

原田順子，十代田朗（2010）『観光の新しい潮流と地域』，放送大学教育振興会

大澤　健，米田誠司（2019）『由布院モデル　地域特性を活かしたイノベーションによる観光戦略』，学芸出版社

一般財団法人世田谷まちづくりトラストHP「公益信託世田谷まちづくりファンド概要」 https://www.setagayatm.or.jp/trust/fund/outline.html（2022年3月3日）

横浜市HP「ヨコハマ市民まち普請事業」 https://www.city.yokohama.lg.jp/kurashi/machizukuri-kankyo/toshiseibi/suishin/machibushin/machibusin.html（2022年3月3日）

安斎勇樹，塩瀬隆之（2020）『問いのデザイン　創造的対話のファシリテーション』，学芸出版社

飯盛義徳（2021）『場づくりから始める地域づくり　創発を生むプラットフォームのつくり方』，学芸出版社

第11章　災害に備える

石山千代・浅野　聡

　歴史的に災害が多く，近年の気候変動などで災害の頻発・激甚化，複合化，広域化が進んでいる我が国では，観光まちづくりを考えるときに「災害への備え」が不可欠である．また，新型コロナウイルス感染症を契機に，新たな対応も求められている．

　本章では，災害への備えという観点から，観光まちづくりを考えるときに必要となる基本的な情報の調べ方と考え方を概説する．

11.1　観光まちづくりで災害への備えを考える

a. 我が国における災害の歴史と現在

1）災害の定義

　「災害」とは，災害対策基本法で「暴風，竜巻，豪雨，豪雪，洪水，崖崩れ，土石流，高潮，地震，津波，噴火，地滑りその他の異常な自然現象又は大規模な火事若しくは爆発その他その及ぼす被害の程度においてこれらに類する政令で定める原因により生ずる被害をいう」と定義されている．

2）災害関連制度の歴史と現在

　我が国の災害関連制度は，近代以降，大きな災害に遭うたびに整備されてきた．地震災害に関しては関東大震災（1923年），気象災害と土砂災害に関しては伊勢湾台風（1959年）を契機に整備され，我が国における総合的な防災対策の基本的な考え方を示す「災害対策基本法」（1961年）と災害規模が甚大な場合に備えた「激甚災害に対処するための特別の財政援助等に関する法律」（通称：激甚災害法）（1962年）が制定され今日に至る．

　阪神・淡路大震災（1995年）後は，耐震改修を促進する制度に加え，迅速に良好な市街地や形成と都市機能の更新を図る「被災市街地復興特別措置法」（1995年）や個人の生活再建を支援する「生活再建支援法」（1997年），復興過程で注目された特定非営利活動（NPO）法人による活動を促す「特定非営利活動促進法」（1998年）が制定された．

　広域にわたる津波被害と福島第一原子力発電所の事故が発生した東日本大震災（2011年）後は，2013年に復興の枠組を規定する「大規模災害からの復興に関する法律」と低頻度大規模災害に備える「津波防災地域づくりに関する法律」が制定され，災害対策基本法も大規模広域な災害に対する即応力の強化，住民などの円滑かつ安全な避難の確保，被災者保護対策の改善，平素からの防災への取り組みの強化などを含むものへ見直された．背景には，災害を前提として被害を最小

限にする「減災」という考え方の定着がある．さらに，首都直下地震や津波を伴う南海トラフ地震（**図11.1**）の危機と頻発する自然災害に対応するため，2021年5月にも災害対策基本法が改正された．避難勧告と避難指示が一本化され，市町村には個別避難計画（避難行動要支援者（高齢者，障害者等）ごとに避難支援を行う者や避難先などの情報を記載した計画）の策定が努力義務化され，市町村界を越えた広域避難のための協定締結などの推進も求められている．また，2019年末以降は災害対応も新型コロナウイルス感染症対策が必須となった．

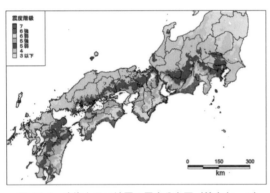

図11.1　南海トラフ地震の震度分布図（基本ケース）
［出典：南海トラフ巨大地震の被害想定について（建物被害・人的被害），内閣府政策統括官（防災担当），2019年6月］

3）観光客や観光地の位置付け

上記のように，災害に関わる制度は年々拡充しているが，観光客への視点や観光地ならではの防災に特化した施策が十分あるわけではない．ただし，観光立県や観光立市を掲げる地域では後述のような先進的取り組みがはじまっている．これらを踏まえて観光庁と国連世界観光機構（UNWTO）駐日事務所が2021年6月に「自治体・観光関連事業者等における観光危機管理推進のための手引書」を作成・公開し，観光危機管理計画やマニュアルの作成を促しているところであり，今後の

各地での展開が期待される．

b.　観光まちづくりと災害との関係
1）発災時の影響の顕在化

観光や交流は多くの場合，日常の生活圏から離れた地域で営まれるがゆえの魅力があるが，非常時には観光客が「災害弱者」となる可能性と，住民の避難等に影響を及ぼす可能性がある．現に，コロナ禍までは，訪日外国人旅行者数が急増していて，2018年の大阪北部地震と北海道胆振東部地震発生時には，空港や主要駅などで「情報難民」となり困惑する訪日外国人旅行者の姿が報道され，課題として認識されはじめてきた．

2）災害による影響と復興支援

災害の種類や範囲，時期などによって，地域には多様な影響が現れる．大災害は，地域や社会が抱えている課題を顕在化，加速化させる．被害の大きかった地域では，観光や交流を目的とした人々の移動は，しばらく滞るため，地域の経済活動への影響は大きい．直接的な被害を受けていない周辺地域やすでに復旧・復興した地域でも，御嶽山噴火時（2014年）の長野県や箱根山噴火時（2015年）の箱根町で顕著だったように，人々の足が遠のき，地域の経済活動へ影響を与える「風評被害」も起こりうる．

一方で，それまでの観光や交流によるつながりが，復興を支えるボランティアなどの人的支援やクラウドファンディングなどを介した金銭的支援につながる例も近年増えている．また，東日本大震災以降，災害ボランティアだけでなく，観光や買い物をして復興まちづくりを支えようという，多様な「被災地応援ツアー」が企画され，普及したといっ

てよい．以上のような支援が契機となり，その後，交流が長く続くケースも増えている．

3）観光・宿泊施設等の新たな役割

災害の頻発・激甚化，広域化，複合化を背景に，現在各種施設の役割の見直しが進んでいて，ホテル・旅館等の宿泊施設は，発災時の住民の避難先・滞在先として活用されることが増えている．これは，多くの被災者が広域かつ長期にわたる避難を強いられた東日本大震災のときに，風評被害で観光客のキャンセルが相次いだ各地の温泉旅館やホテルが，二次避難所として活用されたことが契機である．以降，市町村と温泉旅館組合などの間で大規模災害時の被災者の避難所とする協定の締結なども進んでいる．

加えて，新型コロナウイルス感染症の感染拡大以降は，従来からの避難所の「三密」（密閉・密集・密接）対応として，宿泊施設などを災害時の避難所として本格活用しようという動きが注目される．

11.2 地域の災害に関する基本的な情報を把握・分析する

a. 地域の災害に関する基本的な情報を把握する

ここでは，主な自然災害情報の入手方法，概要，特徴（ポイント），活用を解説する．

1）自然災害情報の入手方法

自然災害情報を発表する重要な役割を担っているのは，気象庁である．気象庁は，災害の防止・軽減，災害発生時の応急対策などに必要な自然災害情報を，国や地方公共団体などの防災関係機関に提供している．また報道機関を通じて国民にも提供している．

そして，気象庁の情報を受けて避難情報を発表（発令）するのは，市町村である．市町村の避難指示などに基づいて地域住民や観光客が避難行動を開始することになる．

これらの情報は，テレビ，ラジオ，インターネットなどによって広く発表されるとともに，気象庁HP，国土交通省防災情報提供センターの携帯電話用サイト，気象会社の情報提供サービス，都道府県と市町村の情報提供サービス，携帯電話事業者を介する緊急速報メールなどによって入手可能である．

2）気象情報の基本

気象庁が情報発信する自然災害情報の中で，多くの人々が慣れ親しんでいるのは防災気象情報である．地震災害や火山災害の発生を正確に予測することは難しいが，気象災害は日々の観測を通じてリアルタイムで情報提供が可能であり，毎朝，通勤や通学の前に天気予報を確認したり，観光旅行に出かけるときに現地の天気を確認することは，人々にとって習慣化されているものである．

警報

「警報」は，防災関係機関の活動や住民の生活の安全確保行動の判断を支援するために発表する情報であり，「特別警報：大雨・大雪・暴風・暴風雪・波浪・高潮」，「警報：大雨・洪水・大雪・暴風・暴風雪・波浪・高潮」，「注意報：大雨・洪水・大雪・強風・風雪・波浪・高潮等」がある．特別警報は重大な災害の起こるおそれが著しく大きい場合，警報は重大な災害の起こるおそれがある場合，注意報は災害の起こるおそれがある場合に発表される．

警戒レベルと避難行動

気象庁と市町村が発表する情報は，「警戒レベル」を明記して発表される．これは平成30年7月豪雨（西日本豪雨）の際に多くの災害情報が発表されていたにもかかわらず避難が遅れて多数の犠牲者を出したことから，「自

らの判断で避難行動をとる」という方針に沿って，警戒レベルを用いて情報を発表するように改善されたためである．警戒レベル（5段階）の定義は，1：災害への心構えを高める，2：避難に備え，行動を確認する，3：高齢者などは避難を開始する，4：全員避難する，5：命を守るための最善の行動をとる，である．警戒レベル1〜2は気象庁，3〜5は市町村が発表する．

警報と警戒レベルなどの関係

気象庁と市町村が発表する警報，警戒レベル，避難情報などの関係を確認すると図11.2のとおりである．警戒レベルとともに発表される各種情報を迅速に把握して適切な避難行動をとることが必要である．市町村は，警戒レベル3になると「高齢者等避難」，レベル4では「避難指示」，レベル5では「緊急安全確保」を発令する．警戒レベル4が発令されたら全員避難となる．なお2021年5月

までは「避難指示」の前に「避難勧告」が発令されていたが，現在では廃止されている．

3) 地震・津波情報の基本

地震・津波情報も気象庁が発表する．あらかじめ災害発生の可能性を予測でき，警戒レベルとともに早めに避難を呼びかける気象情報と異なり，地震・津波情報は，発生してから迅速かつ連続的に次々と発表する体制になっていることが特徴である．地震・津波情報の発表のタイミングは，図11.3のとおりである．

緊急地震速報

地震発生直後に地震波を検知して即座に発表されるのが「緊急地震速報」であり，テレビやラジオ，スマートフォンなどで伝えられる．発表されてから地震波が届くまで数秒から数十秒しかないため，強い揺れが来る前に瞬時に身を守るために活用する．

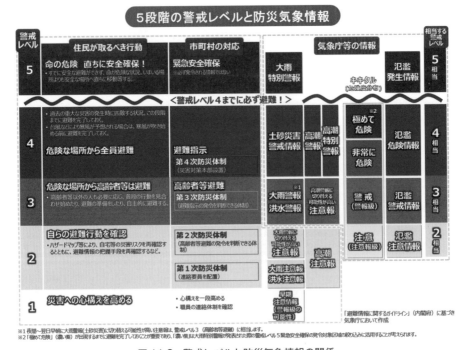

図 11.2　警戒レベルと防災気象情報の関係

[気象庁HP：https://www.jma.go.jp/jma/kishou/know/bosai/alertlevel.html]

津波警報・注意報

地震発生によって津波が引き起こされた場合に，地震発生から約3分後に発表されるのが「津波警報・注意報」である．「大津波警報」，「津波警報」，「津波注意報」があり，その定義は表11.1に示すとおりである．津波の破壊力は大きいことから，ただちに避難を開始することが重要である．

地震情報のアップデート

地震・津波情報は，迅速にデータを集めて迅速に発表し，その後，データを精査して確度の高い情報を発表する仕組みになっている．発表する情報のタイミングは図11.4に示すとおりであり，1分半経過後（随時）の「震度速報」（震度3以上），約5分後の「震源・震度に関する情報」（同）と「各地の震度に関する情報」（震度1以上），約15分後の「推計震度分布」（震度5以上）などである．「南海トラフ地震」の場合は，「南海トラフ地震に関連する情報」が調査後に臨時情報として発表されることになっている．

4）ハザードマップの事例
気象災害のハザードマップ

国や都道府県による被害想定結果をもとにして，市町村などはハザードマップを作成してHP上で公開している．気象災害のハザードマップの一例として洪水ハザードマップ（神奈川県横浜市中区）を図11.4に示す．河川が氾濫した際の洪水浸水想定区域と避難所を示し，安全な避難行動を呼びかけるマップとなっている．そして同時に急傾斜崩壊危険区域と高潮警戒区域も示されている．

表11.1 津波警報・注意報

種類	発表する津波の高さ		発表基準
	定性表現	数値表現	
大津波警報	巨大	10 m超	予想される津波の高さが高いところで3 mを超える場合
		10 m	
		5 m	
津波警報	高い	3 m	予想される津波の高さが高いところで1 mを超え3 m以下の場合
津波注意報	表記しない	1 m	予想される津波の高さが高いところで0.2 m以上1 m以下の場合

［参考：気象庁HP］

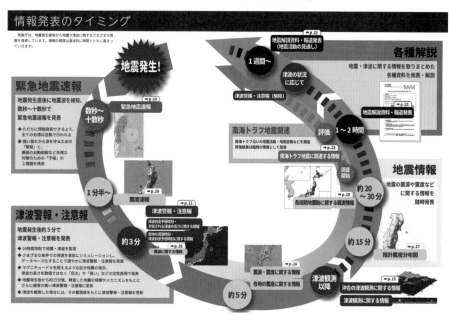

図11.3 気象庁が発表する地震・津波情報
［気象庁：地震と津波 その監視と防災情報］

地震・津波災害のハザードマップ

地震・津波災害のハザードマップの一例として，津波ハザードマップ（三重県伊勢市）を示すと**図11.5**のとおりである．南海トラフ地震による津波浸水想定区域と避難所を示すとともに，人的被害を軽減するために津波の到達時間の目安も示され，安全な避難行動を呼びかけるものとなっている．

ハザードマップポータルサイト

ハザードマップの公開が進んできたことを背景に，国土地理院は様々な災害情報を同一の地図上に重ねて表示することができる「重ねるハザードマップ」をHP上で公開している．これは，各種ハザードマップ（洪水・土砂災害・高潮・津波・火山など），道路防災情報（大雨の際に道路が冠水して車両が水没するなどの事故が起きる可能性がある箇所・大雨などで土砂崩れや落石の恐れのある箇所を災害発生前に通行規制を実施する区間など），地形分類（扇状地，台地・段丘，山地など）といった情報を同一の地図上に重ねて確認でき，総合的に災害情報を俯瞰するうえで役に立つものとなっている．

b. 地域における災害への対応方針や関連施策の把握

ここでは，地域における災害への対応方針や関連施策を把握するために，地方公共団体による「地域防災計画」と関連計画，地区が作成する「地区防災計画」，観光事業者が作成する計画などの概要を解説する．

1）地方公共団体による計画

地域防災計画

地域防災計画は，災害対策基本法に基づき，各地方公共団体が地域ならびに住民の生命，身体および財産を災害から守るために地域の実情に即して作成し，防災，震災応急対策，災害復旧など，一連の災害対策の実施を定める計画で，各地方公共団体のHPから入手が可能である．近年の環境変化の中で見直し中の場合もあるため，改正の背景とあわせて最新の計画を確認する必要がある．

横浜市は，震災対策，風水害等対策，都市災害対策ごとに計画を策定し（**図11.6**），観光関係は，各編の「帰宅困難者対策」や「一時滞在場所」，「災害情報提供」，「地域の経済復旧」に関する項目で言及している．

津波防災地域づくり推進計画

津波防災地域づくりに関する法律に基づき，都道府県知事が津波浸水想定を設定して津波災害警戒区域（イエローゾーン）などの指定（**表11.2**）を行い，市町村が津波防災地域づくり推進計画を策定するという枠組みである．静岡県伊豆市【事例1】など南海トラフ地震で津波の浸水危険が高い地域を中心に，近年策定が進んでいる．

表 11.2　津波浸水想定をふまえて指定される　警戒区域

区域名	通称	指定権者	特徴
津波災害警戒区域	イエローゾーン	都道府県知事	警戒避難体制を特に整備すべき区域（地域防災計画の拡充，市町村による津波ハザードマップの作成，民間施設等の避難施設の指定など）
津波災害特別警戒区域	オレンジゾーン	都道府県知事	一定の開発行為，建築等を制限すべき区域（社会福祉施設，病院，学校等の要配慮者利用施設の居室床面の高さの制限など）
	レッドゾーン	市町村長が条例で指定	津波災害特別警戒区域のうち，円滑・迅速な避難を確保できない区域（オレンジゾーンの内容に住宅等の規制を追加することが可）

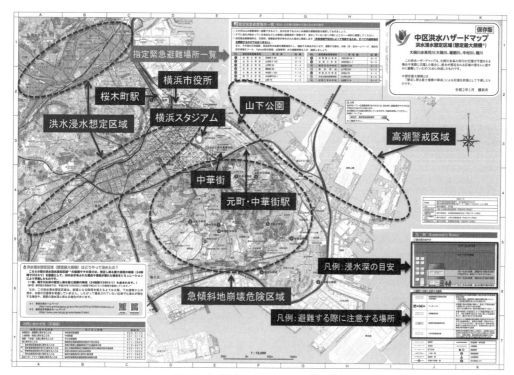

図 11.4　洪水ハザードマップの一例

［横浜市中区：横浜スタジアム・中華街・山下公園などの観光資源がある．［横浜市が作成したハザードマップを筆者が加工したもの］

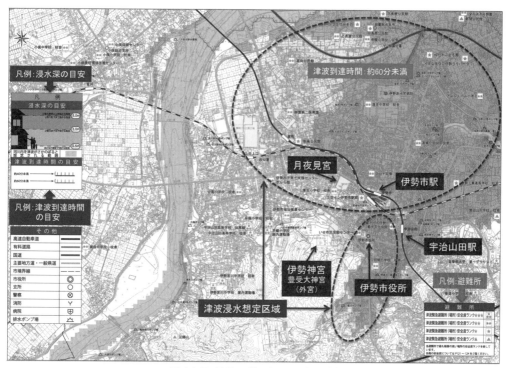

図 11.5　津波ハザードマップの一例

伊勢市：伊勢神宮（外宮）などの観光資源がある．［伊勢市が作成したハザードマップを筆者が加工したもの］

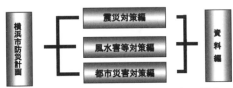

図11.6　横浜市防災計画（2021.5）の構成

観光に着目した関連計画

　観光が地域の基幹産業である地方公共団体では，地域防災計画とは別に，観光に着目した計画を策定するケースが増えている．

　その先駆けである沖縄県では，「沖縄県地域防災計画」に基づく観光分野の役割と「沖縄県観光振興基本計画」に基づく観光客の安全確保，観光産業の事業継続，県外で発生した災害や事故などの対策，風評被害対策などを位置付けるため，「沖縄県観光危機管理基本計画」（2014年）を策定し，官民一体で実行計画とマニュアル整備に取り組んでいる．

　また，京都市【事例2】では，観光客も含む帰宅困難者に着目した検討を進め，市内でもとくに観光客が多い地域で「帰宅困難観光客避難誘導計画」を策定している．

2）地区住民による地区防災計画

　東日本大震災後に創設された制度で，町内会・自治会，自主防災組織，まちづくり協議会，商店街，マンション住民などがそれぞれ主体となって策定する，暮らしに身近な地区単位での防災計画である．内閣府HPの「地区防災計画ライブラリ」で，全国の取り組みを地域別，課題別，対策別，主体別に検索して，参照できるようになっている．

3）観光関連事業者による災害対応マニュアル，事業継続計画など

　観光が基幹産業である地域では，共通のリスクとなる災害への対応を観光関連事業間の連携，官民連携で進める動きも近年活発になっている．例えば，山梨県富士五湖地域の市町村，観光協会，地元企業が構成員の（一社）富士五湖観光連盟は，観光防災セミナーを重ね，富士山噴火と南海トラフ地震，異常気象（風水雪害）への対応を念頭に2020年「富士五湖観光事業者災害対応マニュアル」を作成し，行政・民間それぞれの役割を明確にした．これらは各事業者による事業継続計画（Business Continuity Plan）の策定を促進したり，効果を高める役割がある．

11.3　災害に備える観光まちづくりを考える

　ここでは，本章で説明をしてきた基本情報と第I部で取り扱ってきた地域の特性を踏まえて，具体的な地域を対象として災害に備える観光まちづくりを考えるときの主な留意点を図11.7に沿って解説する．ただし，必ずしも以下のとおりである必要はなく，地域の状況に応じたより相応しい方法を模索することが重要である．

a. 検討の主体：住民・地方公共団体・観光関連事業者など

　災害という共通の危機への備えを考えるには，地域の観光まちづくりに携わる住民，地方公共団体，観光関連事業者などが各主体および観光客の目線から検討することと，それらを共有し，共に検討することがまず重要である．これにより，漏れが少なく，実効性の高い施策の検討が可能となる．

　住民と一言にいっても，町内会・自治会，自主防災組織，まちづくり協議会など相互に関連する多様な組織があるので，構成メンバーや役割分担を踏まえバランス良く，検討に参画してもらうことが大切である．

　地方公共団体は，防災部門だけでなく，生

活やまちづくりの部門，観光を含む産業関連部門，必要に応じて環境部門や文化財部門などが関わることによって，住民や観光関連事業者との間をつなぐ役割も期待される．

観光関連事業者は，宿泊施設や観光施設運営事業者だけでなく，交通事業者など，地域内で観光客を受け入れている事業者を幅広く巻き込むことが重要である．

b. 前提条件の整理：想定される災害の種類・影響の整理と優先事項の検討

検討の初期段階では，地域で発生が想定される災害の種類別に発生頻度・確率と発生した場合の影響の大きさとを整理し，当該地域として優先的に備えるべき災害種別についての共通認識を持つ必要がある．急傾斜地では崖崩れ，河川沿いでは洪水，海沿いの集落では津波，活火山を抱える地域では噴火が，最優先で取り組むべき災害となることが多い．

さらに，ハザードマップの上に観光入込み客数の多い地域の資源，主要幹線道路や駐車場，駅などの交通結節点をプロットし（図11.4，図11.5），観光客の属性や行動がわかる実態調査などのデータ（詳細は，6.1節

d参照）とあわせて分析することによって，災害発生の時期や時間，場所ごとに発生が想定される事象と観光客や事業者への影響を整理していく．地震による例を表11.3に，花火大会開催中に豪雨が降った場合の事例を表11.4に示すが，可能な限り具体的に，影響は事象別・立場別に挙げることによって，取り組むべきことが明らかとなる．

c. 時間軸に沿った方針や取り組みの検討

地域として優先的に対応すべき災害と発災時に生じる影響が具体的にイメージできるようになったら，時間軸に沿って取り組むべきことを整理する．

例えば，西伊豆観光の宿泊拠点の1つである土肥温泉がある伊豆市土肥地域【事例1】は，南海トラフ地震では5分程度での津波の到達と最大津波T.P.（東京湾の平均海水面を基準（0 m）とする高さ）10 mが想定される地域（図11.8）であるため，観光と防災を「共生する」方針を掲げ，発災後の時間軸に沿った「逃げる」「生き延びる」「守る・減らす」という方針ごとに取り組むべき「アクション」の整理を行っている（表11.5）．

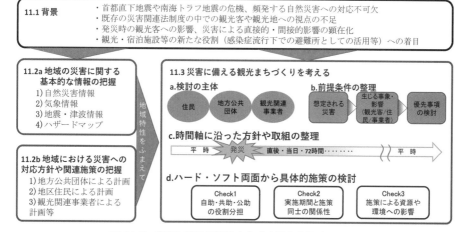

図11.7　災害に備える観光まちづくりを考えるフロー

表11.3　地震で発生する事象例と想定される影響例

発生する事象例	想定される影響例
建物・施設の倒壊	［観光客］死傷 ［事業者］施設・設備・備品の損壊，従業員の死傷
地域の避難所の混雑・密集	［観光客・地域住民（避難者）］水や食料などの備蓄不足，感染症感染リスク，地域住民の避難者との摩擦
停電の発生	［観光客・事業者］空調使用不可，買い物不可，情報収集困難，携帯などの充電不可
通信規制	［観光客・事業者］電話不通，家族や関係者との連絡不運
交通機関運転見合わせ・交通規制	［観光客］帰宅困難，当地域への来訪困難 ［事業者］予約キャンセル，売上減少
余震の継続	［観光客］不安 ［事業者］予約キャンセル，売上減少

［参考：観光庁・UNWTO『観光危機管理計画・対応マニュアル手引書』］

表11.4　花火大会開催中に突然豪雨が降った場合に発生する事象と影響例

発生する事象例	想定される影響例
花火大会の中断・中止	［来訪者］会場からの退出時の混乱 ［事業者］予約キャンセル，売上減少
交通機関運転見合わせ・交通規制	［来訪者］多数の帰宅困難者が発生 ［事業者］帰宅困難者の受入れや受入れられないことによる混乱
豪雨そのもの	［来訪者］雨に濡れ，寒さによる健康被害
豪雨による浸水	［来訪者］避難に伴う混乱，死傷 ［事業者］施設・設備・備品の損壊，汚損
豪雨による土砂災害	［来訪者］避難に伴う混乱，死傷 ［事業者］施設損壊，土砂流入，従業員の死傷

［参考：観光庁・UNWTO『観光危機管理計画・対応マニュアル手引書』］

d. ハード・ソフト両面からの具体的施策の検討

　地域の特性を踏まえ，前提条件と時間軸に沿って取り組むべきことの大枠を整理した後には，より具体的な施策をハード・ソフト両面から，実施主体とあわせて検討していく．

　例えば，【事例1】の表11.5の「【2】逃げる」という方針の中でのアクション「4.避難経路や避難方法の検討」のためには，「照明灯や避難路サインの設置」「津波浸水域表示看板作成」のようなハード施策と，「地震・津波避難計画，津波避難地図作成」や「避難ルールの検討」「観光客の安全な退避方法の検討」などのソフト施策をセットで展開することによって，施策間の相乗効果が期待される．

　なお，この過程では，以下の3点について適宜確認しながら進めていくことで，より地域特性を踏まえた実効性ある施策へと高めていくことができる．

　Check1　自助・共助・公助の役割分担

　具体的施策について，自助（自分および家族の身の安全を自分で守ること）・共助（地域やコミュニティなど，周囲の人が協力して

　京都市【事例2】では，東日本大震災後，市民，通勤通学者，観光客を含む約37万人を想定した帰宅困難者対策を自治会，寺院・神社，観光施設，交通事業者などの連携で進めているが，発災後の時間軸に沿って発災直後を想定したStep1（一斉帰宅抑制）・Step2（観光客緊急避難広場のお知らせ），3～6時間後を想定したStep3（支援内容ごとの案内・観光客一時滞在施設のお知らせ），12時間後を想定したStep4（観光客一時滞在施設での支援），3日後以降を想定したStep5（帰宅支援）ごとに（図11.9），観光場所，観光客緊急避難広場（発災直後安全を確保する場所），観光客一時滞在施設（休憩や宿泊が可能な場所），情報拠点が取り組むことと誘導の流れを明示している．加えて，とくに，観光客の多い清水・祇園地域と嵯峨・嵐山地域では，Stepごとの詳細な避難誘導計画を定めている（図11.14）．

【事例1】伊豆市土肥地域における"海と共に生きる"観光防災まちづくり

■伊豆市土肥地域の特性整理

【人口】3,734人,老年人口比率（65歳以上）37.7%［2015］

【産業】観光が基幹産業［2016］

宿泊業,飲食サービス業：事業所数67件（29.9%）従業者数550人（42.7%）

卸売業,小売業：事業所数49件（21.9%）従業者数244人（19.0%）

【観光入込客数】年間800,446人,うち宿泊客数277,183人［2014］

減少傾向にあったが,近年は比較的安定.土肥温泉への宿泊客の比率が高い.

【土地利用】風光明媚な環境を生かした観光や水産業等が盛んで沿岸部に産業・生活機能が集積.都市計画マスタープランや都市計画区域の見直し中.

■土肥地域の災害リスクの整理

・安政東海地震（1854年）で4.4-5mの津波を経験,死者13人

・静岡県津波浸水想定：南海トラフ地震では最大津波高 T.P.10m 想定死者数1,400人,5分前後での津波到達が想定されている

・山川流域,火振川流域での水害発生で河川整備が進んだ

・土砂災害警戒区域,土砂災害警戒特別警戒区域あり

・狭隘な道路や木造住宅密集地域が多く避難路寸断等のリスク

・防潮堤・避難路・避難タワー,誘導標識等整備中

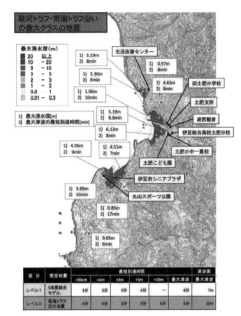

図11.8 土肥地域の浸水深・津波到達時間

■時間軸に沿ったハード・ソフト両側面からの施策の検討

表11.5 方針・アクション・施策例・主な実施主体

4大方針	アクション	施策例（一部）	主な実施主体
【1】共生する リスクを理解し,工夫を積み重ねて安全性を高めるエリアの形成	1.地域防災力の強化 2.災害リスクへの認識や防災意識の向上 3.地域防災力を下支えする	リスクと共生するためのゾーニングの検討	住民・観光事業者＋伊豆市防災安全課
		海のまち安全避難エリア（津波災害警戒区域）	静岡県・伊豆市防災安全課＋住民・観光事業者
	4.長期的なまちづくりを見据えた暮らし方・住まい方（土地利用）の検討	海のまち安全創出エリア（津波災害特別警戒区域）	静岡県・伊豆市防災安全課＋住民・観光事業者
		津波に強いまちづくりのための独自の建築ルールの検討	住民・観光事業者＋伊豆市防災安全課・都市計画課
	5.先駆的な観光防災推進地域に向けた体制構築・積極的な情報発信 6.防災を活用した観光事業の展開	リスクと共生するためのゾーニングに関する周知活動の実施	静岡県・伊豆市防災安全課＋住民・観光事業者
		浸水想定区域外における住宅用地の確保及び安全・安心なまちの構造に関する検討	伊豆市防災安全課・都市計画課・用地管理課
【2】逃げる 住民,観光客,従業員などの安全を確保するための警戒避難体制の構築	1.避難のスタートラインに立つための耐震化の促進 2.避難者の受け入れが可能な避難場所の確保 3.円滑な避難支援のための資機材の配置	照明灯や避難路サインの設置	住民＋伊豆市防災安全課
		津波浸水深表示看板作成	伊豆市防災安全課
		土砂災害ハザードマップ作成	伊豆市防災安全課・用地管理課
	4.円滑に避難するための避難経路や避難方法の検討	地震・津波避難計画,津波避難地図作成	住民＋伊豆市防災安全課
		避難ルールの検討	住民＋伊豆市防災安全課
	5.避難場所まで安全にたどり着くための避難路の確保	観光客の安全な退避方法の検討	観光事業者＋伊豆市観光商工課・防災安全課
【3】生き延びる 地域が早期復旧するための支援機能の向上	1.生き延びるための体制構築 2.安全で衛生的な避難生活環境の確保 3.備蓄の確保	避難生活を生き延びる備蓄の確保	住民＋伊豆市防災安全課
	4.津波想定区域外における防災拠点の確保 5.災害に強いネットワーク構築 6.災害に強いライフライン構築 7.地籍調査の推進	観光客も考慮した備蓄の確保	住民・観光事業者＋伊豆市観光商工課
【4】守る・減らす 地震・津波・土砂災害による被害を少しでも減らすための防災・減災対策の推進	1.海岸保全施設,河川管理施設の検討 2.津波防護施設の検討 3.港湾施設の維持管理 4.土砂災害対策の推進	略	略

［図の出典・表の参考：伊豆市(2019)"海と共に生きる"観光防災まちづくり推進計画第3版,伊豆市津波防災地域づくり推進協議会事務局「観光防災まちづくりニュースNo.1-3」］

【事例２】京都市における帰宅困難観光客に着目した取組み

■検討体制

・観光関連団体，主要観光地の寺社・商店街，学識経験者，市・区役所職員から成る「京都市帰宅困難者観光地対策協議会」

・テーマ別に「ターミナル対策（京都駅周辺）協議会」，「観光地対策協議会」，「事業所対策協議会」※を設置．

※業種ごとの４部会①ホテル等宿泊施設部会②百貨店等大型集客施設部会③工場等施設部会④大学等学校施設部会から成る

■時間軸（Step1〜Step5）に沿った帰宅困難者の避難誘導の検討

観光客緊急避難広場：発災直後，安全を確保する場所
観光客一時滞在施設：休憩や宿泊が可能な場所

図 11.9　帰宅困難者の避難誘導イメージ
［京都市「帰宅困難観光客避難誘導計画」］

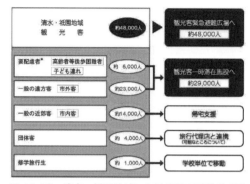

図 11.10　清水・祇園地域における帰宅困難者の発生量の推計結果
［京都Ｃ市「清水・祇園地域帰宅困難観光客誘導避難計画」］

■観光客が多い地域での詳細，かつ段階的な避難誘導計画

＜清水・祇園地域の特性＞

・ピーク時観光客約4.8万人

・木造の建物が密集．出火・延焼危険性が高い

・地域内は坂や狭い道が多く，避難時の混乱が予想される

・ターミナル駅が近く，一斉帰宅の混乱が生じやすい

・言語・文化・習慣の異なる外国人観光客が多い

図 11.11　清水寺周辺での帰宅困難観光客の避難誘導計画
［京都市「清水・祇園地域帰宅困難観光客誘導避難計画」］

助け合うこと）・公助（公的機関による救助・援助）を意識した役割分担を考えよう．

Check2　実施期間と施策同士の関係性

具体的施策について，おおよその実施期間：短期（1〜5年），中期（5〜10年）・長期（10年以上）を定め施策同士の関係性（実施順による相乗効果や効率性）を考えよう．

Check3　施策による資源や環境への影響

津波への備えとして整備した無機質なデザインの高い防潮堤が，海への景観を遮り，住民の日常的な楽しみも，観光客が訪れる場所としての価値も奪ってしまうように，施策が地域資源や取り巻く環境の変容や喪失につながる可能性もある．慎重な検討と両立のための工夫を多面的に考えよう．

e. おわりに

以上では，具体的な地域を対象として，災害に備える観光まちづくりを考えるときの留意点を解説してきたが，関連法整備や災害時の被害拡大要因となる混雑の分散を促す休暇改革のような国レベルの法制度改革が必要な側面もある．また，近年の環境変化はめまぐるしく，どんなに備えていても発災後には想

定外の対応が求められる．平時からの災害に備えた観光まちづくりで人間も空間も速やかに柔軟な対応ができるようになっていることが大切である．

文　献

内閣府防災情報HP「みんなで減災」
http://www.bousai.go.jp/index.html
気象庁（2021）大雨や台風に備えて
気象庁（2019）地震と津波　その監視と防災情報
津久井進（2012）『大災害と法』,岩波新書
国土交通省（2020）津波防災地域づくりパンフレット
観光庁・国連世界観光機構駐日事務所（2021）自治体・観光関連事業者等における観光危機管理推進のための手引書
高松正人（2018）『観光危機管理ハンドブック』,朝倉書店

コラム　漁師町の新たなランドマークとしての津波避難タワーの整備

　漁師町独特の景観が重要文化的景観区域に選定されている高知県中土佐町久礼地区は，年間約35万人の観光客を受け入れているが，南海トラフ地震で15〜20分以内の浸水開始と最大津波T.P.12〜13 mが想定されている．

　限られた時間内に住民と観光客の避難を完了させるため，海岸沿いに漁師町の雰囲気に配慮した津波避難タワーを建設（2014年）し，市場駐車場と結ぶ約134 mの接続路の整備（2016年）も行った．これによって，平時は，展望を楽しめる町の新たなランドマーク，かつ町の歴史や文化を案内する場となった．

図11.12　津波避難タワー
[出典：「地域を守るランドマーク津波避難タワー」パンフレット,高知県中土佐町]

第12章 観光まちづくりにおける情報戦略と情報発信

　情報という言葉は,「敵情報告」の略語といわれている. 語源から考えれば,「情報」は, 事実を伝える際, そのまま全てを短時間で伝えることはできないため, 必要な切り口で切り取り, 簡略化して報告することを指していたのだろう.「情報」と呼ばれるものの種類は多岐にわたり, 例えば日本の人口の推移や地形図, 電話帳の中身なども情報の一種であるが, 本章では, 観光まちづくりの文脈に沿う, または将来的に沿う可能性のある情報について取り扱う. まず, 情報や情報発信の基本的性質について述べ (12.1節), 観光客の旅行消費行動を分析する手段であるカスタマージャーニー (12.2節) を紹介する. また, 情報発信を行うための媒体や情報の種別について整理し (12.3節), 戦略的な情報発信を実現するための体制づくりについて述べる (12.4節).

12.1 「情報」の性質と情報発信

a. 情報・情報発信の基本

　一般論として, 情報発信のために必要な手順をまず考えてみると,

　1. 情報素材の入手

　2. 情報素材の分類・アーカイブ

　3. 発信したいメッセージの考案

　4. 発信したいメッセージに合わせた, アーカイブからの情報素材の取り出し・新規取材

　5. 発信したいメッセージを, ターゲットに効果的に届かせるためのマーケティング・キュレーション・デザインによる情報編集

　6. 編集した情報の公開・周知

という工程を踏む必要があると考えられる. これらを, 持続可能な観光に結びつけることが必須となる観光まちづくりの文脈に照らしあわせて考えてみる.

　「1. 情報素材の入手」については, 地域の住民の生の声や, 地方自治体発行の広報紙, 地球史等の歴史アーカイブ, 博物館の展示情報, 地域ニュースなどを入手することになる.

　「2. 情報素材の分類・アーカイブ」については, 単一の分類法・アーカイブ場所を用意し, アーカイブを行っていくべきである. だが, 現在各組織でバラバラにアーカイブされており, 著しく連携が欠けているところであるため, 統一した形で行えるような改善の必要があると考える. 詳しくは12.4節bで述べ

る.

「3. 発信したいメッセージの考案」「4. 発信したいメッセージに合わせた，アーカイブからの情報素材の取り出し・新規取材」については，発信したいメッセージが極めて明確になっていない状態であれば，3と4を繰り返して行い，アーカイブ情報や新規取材結果の読み解きを通して発信したいメッセージを磨きあげる必要があるだろう．この点の実施法については，第8章〜第10章を参照されたい．

「5. 発信したいメッセージを，ターゲットに効果的に届かせるためのマーケティング・キュレーション・デザインによる情報編集」については，まず，ビジョンをもとに，ターゲットとなる訪問者層の設定が必要になってくる．この点についても，具体的にどのように行うかについては，第8章〜第10章を参照されたい．また，12.1節bや12.3節bで後述する，「情報の種別」のうちの，どの情報を選び，発信するかということは，地域の観光まちづくりビジョンやターゲット設定によって異なってくると考えられる．例えば自らの地域を大事にすることを，訪問者からそっと覗いてほしい観光まちづくりビジョンと，自らの地域の観光資源を活用して経済を循環させる観光まちづくりビジョンの，どちらが正解というわけでもなく，実際はグラデーションとなっている中でどの位置にゴールを設定するか，という問いが存在しているのである．加えて，観光にも種類があり，「娯楽観光」「文化観光」「アクティビティ目的観光」などにより必要な情報種別は大きく異なることにも注意が必要である．

「6. 編集した情報の公開・周知」においては，5.で行ったマーケティング調査結果などを用いて，ターゲットにあわせ，情報媒体の選択・周知方法について考慮することになる．ターゲットが近隣地域であるか，遠方であるかによって，同じ編集情報でも，情報媒体や周知方法が異なってくると想定される．

また，何段階かに情報量を変えた編集を行うことも重要であると考えられる．普段から都会に住み，大量の情報を浴びて暮らしている人向けなら，大量の情報を詰め込む編集を行った情報発信の方が適している可能性もある一方で，地方でゆったりとした暮らしをしている人であれば，内容を厳選しシンプルにしないと，情報を受け取ってもらえない可能性があると思われる．これは，普段の生活スタイルだけではなく，背景知識があるなしでも変わってくる．初めて日本を訪れる外国人であれば，背景知識がなく，詳細情報を理解できないため，雰囲気を楽しんでもらえる程度の，少ない情報量にて編集したものが適するケースもあるだろう．一方で，背景知識が多いリピーターであれば，前回の訪問時には気づかなかった細かい点を発見して楽しめる可能性がある．このような場合には，情報量が多くなるように編集したものを提供するのが適するだろう．

b. 情報の種別

いわゆる「観光」のためだけの「観光情報」に関しては，多くの書籍や資料で情報が分類されており，特性も分析されている．しかし，「観光まちづくり」の観点も含めた場合，「まちづくり」の目線から地域を見つめた，その地域の人の営みを想起させる「営み情報」についての情報の分類も必要と考え，**表12.1**の分類とした．

表 12.1　情報の種別の例

観光情報	観光資源	自然, 神社・寺院・教会, 史跡, 町並み・景観, ドライブコース, 伝統料理
	特産品・土産品	伝統工芸品, 菓子, 農産物, 水産加工品
	観光施設	宿泊施設, 温泉, 道の駅, 博物館, 動物園・水族館, 飲食店, 土産物店
	イベント	祭り, 花火大会, 市, その他のイベント
	アトラクション・体験	スポーツ体験, 遊園地, その他の体験
営み情報	地域の歴史	古戦場, 博覧会, 偉人の出身地
	都市形成史	城下町, 宿場町, 都市施設の建設
	地形・地勢	地形の改良, 交通・物流の要所としての役割
	住民の営み	特徴的な風習, 地域における自然の克服法
	経済・産業	産業構造(第1次〜第3次産業の特徴など), 地域の雇用の独自性(学園都市, ハイテクパーク, 工業団地など), 周囲の地域との経済・産業の関連性
	ストーリー	昔話・逸話, 風土記, 文学・美術・映像作品など

12.2　カスタマージャーニーに合わせた情報発信

　マーケティングの分野において, 消費者(カスタマー)が商品やサービスへの関心・意欲を持ち, その内容を検討・理解し, 購入に至る一連の流れをカスタマージャーニーと呼び, 様々な業界で商品開発やPR戦略を構築する際に採り入れられている. また, カスタマーの行動を図式化した「カスタマージャーニーマップ」は, 当事者間の情報共有に有効である. 地域はカスタマージャーニーのそれぞれのステージにおいて, 旅行者が必要とする情報を, 旅行者が接するメディアを選択して情報発信する必要がある. 本章においても, 人々の「旅マエ」,「旅ナカ」,「旅ア

ト」の旅行行動ステージのカスタマージャーニー(表12.4)に沿って発信する情報の内容と親和性のある情報メディアを示す.

a.　旅マエ

　旅マエはさらに次の3つの行動サブステージに分けられる. 最初のサブステージは,「旅行意欲の想起・喚起」で, 地域特有の魅力や体験などビジュアルを重視した視覚に訴える情報発信が効果的とされている. テレビ, 映画などでの紹介や駅貼りのポスター, SNSやブログなどの情報が活用されている.

　「旅行計画」のサブステージでは, 旅先および決めた旅先での行動などを比較検討するための具体的な交通, 観光情報が求められる. 地域の魅力に関して, 地域に住む人や訪れた人によるSNSや動画などの詳細な紹介に閲覧者が多い. 具体的な行動に結びつけるには, 場所, 交通, 費用など基本的なデータも適宜更新のうえ発信する必要がある.

　「旅行の出発準備・予約・購入」のサブステージでは交通事業者や宿泊オンラインサイトなどが予約・購入に結びついている. また, 現地での観光チケットや現地発着ツアー(着地型ツアー)を同時に予約するケースもあり, 地域で造成したプログラムなどを, オンライン販売事業者のプラットフォームに載せる工夫をすると, プログラムへの参加訴求につながる. より詳しい現地情報収集先として, 自治体が大都市部に展開している「アンテナショップ」(自治体内の食品, 伝統工芸などの特産品の販売や, 観光情報の提供, Uターン・Iターンの窓口などの機能がある)も活用されている.

b.　旅ナカ

　旅行中の移動・行動ステージでは, より充

実した時間を過ごすための情報収集が頻繁に行われる．コロナ禍を経験した昨今，最も重要視されるのが，地域や施設の「安全・安心情報」であり，各メディアでも重要コンテンツとして掲載する必要がある．トイレや駐車場などの実用情報も旅行者が入手しやすい工夫が必要である．

旅行者は，地域の人によるおすすめ情報や季節性のある価値の高い情報を期待しており，SNSやオンラインサイトのみでなく，観光案内所や宿泊施設での案内など，リアルな場での情報収集も積極的に行う．その際，地域配布のパンフレットやマップが活用されるので，制作の際には地域の特色を出すとともに，デザインや携帯性なども考慮する必要がある．

2021年4月9日に（株）JTBが発表した「コロナ禍の生活におけるインターネットやSNSからの情報と旅行に関する意識調査」における，「直近の国内旅行における，具体的な行動を決めるための情報取得手段」（表12.2）によると，観光協会などのサイトが旅マエ，旅ナカでの利用が高くなっている．同サイトの地域ならではの情報に期待されていると考えられるので，タイムリーな情報掲載と更新が望まれる．

c. 旅アト

旅行後の振り返りのステージでは，旅行者が現地での体験（感動，満足/不満）のコメントや画像，動画をSNSにアップするケースが多い．友人・知人に情報共有され，旅行先の評価につながる．観光協会や施設などに直接寄せられたコメントには，再訪を促したり，友人・知人への吹聴を依頼するなど丁寧なコミュニケーションが必要である．

12.3 情報媒体・情報種別ごとの特性

a. 情報発信による地域の感じ方への影響

ビジョンに沿って地域を感じてもらうには，情報の媒体や種別の特性をうまく活かした情報発信が必要である．

表12.2 「コロナ禍の生活におけるインターネッやSNSからの情報と旅行に関する意識調査」における，「直近の国内旅行における，具体的な行動を決めるための情報取得手段」（2021年4月9日（株）JTB発表）

(%)	旅行会社，オンライン専門の宿泊予約サイトの観光情報		旅行口コミサイト		地図・交通情報ルート検索サイト		観光協会などのサイト		グルメサイト		旅行ガイドブック旅行雑誌など		企業の公式SNSブログなど		個人のSNSブログなど		訪問先に直接電話やメールで確認		観光案内所のパンフレット		宿泊先のフロントなどに相談		現地のフリーペーパーなど		その他		調べていない	
	旅マエ	旅ナカ	旅マエ	旅ナカ	旅マエ	旅ナカ	旅マエ	旅ナカ	旅マエ	旅ナカ	旅マエ	旅ナカ	旅マエ	旅ナカ	旅マエ	旅ナカ	旅マエ	旅ナカ	旅マエ	旅ナカ	旅マエ	旅ナカ	旅マエ	旅ナカ	旅マエ	旅ナカ	旅マエ	旅ナカ
宿泊施設（設備・観光等）	45.8	37.1	23.2	16.3	17.3	8.7	12.7	8.4	9.2	6.5	10.8	5.8	7.5	4.1	6.3	4.3	3.8	3.3	4.5	4.2	3.1				0.5	0.6	23.1	36.6
飲食店	13.3	11.2	13.7	12.1	7.4	7.7	10.1	8.1	35.8	32.4	11.4	9.5	2.7	1.9	8.2	7.4	1.8	1.3	4.9	4.1	6.3				0.7	0.7	36.3	37.0
観光名所	22.4	16.6	20.4	15.5	14.7	10.8	26.1	20.9	4.3	3.4	18.3	12.9	3.4	2.0	10.6	7.0	1.5	0.9	11.8	5.0	7.7				1.0	0.2	30.8	38.3
体験・ツアー情報	15.0	11.1	12.2	9.7	3.2	3.4	10.5	8.5	3.4	3.2	8.9	6.0	2.4	2.3	6.3	3.7	1.0	1.1	4.6	3.1	3.9				0.1	0.0	62.8	66.4
お祭り・イベント・行事	11.9	9.8	10.0	7.7	3.5	2.8	14.3	11.9	3.2	2.5	7.8	5.4	4.1	2.5	4.8	3.8	1.1	1.0	5.4	2.6	3.5				0.1	0.0	64.3	67.5
お土産・ショッピング	10.5	9.7	13.4	11.0	3.5	3.5	13.0	11.4	9.7	7.6	12.7	9.2	3.0	2.5	7.6	5.4	1.2	0.7	7.1	3.0	5.9				0.4	0.6	55.3	56.6
（現地の）交通情報	10.7	7.0	6.1	4.1	41.9	40.7	8.1	5.3	2.3	1.8	6.6	2.9	2.5	1.7	2.4	1.7	1.8	1.3	3.6	3.2	1.9				0.5	0.4	40.5	43.7

「観光まちづくり」の中でも，ファンを生み出したい「まちづくり寄り」のアプローチをしたいのであれば，大々的な演出を伴うマスメディアなどでの情報発信よりも，SNSなどで丁寧で小回りの効く情報発信の方からはじめてみるのもよいだろう．一方，大規模施設の営業開始などに伴い，その地域をこと細かに味わってもらうことより，来客を優先したい，「マス観光寄り」のアプローチをしたいのであれば，適切な演出を伴ったマスメディアでの情報発信が適しているだろう．

両者のアプローチは，どちらかしか選べないというものでもなく，グラデーションのように中間的なアプローチも存在すると考えられる．同一地域でも，ある箇所ではマス観光重視だが，別の箇所ではまちづくり寄り，といったようなこともありうる．また，タイミングによって異なるアプローチとなることもあるだろう．ビジョンに基づき，どのようなアプローチを行うのがベストなのか，継続的に模索していく必要があるだろう．

b.　情報媒体の特性の分析

インターネットの登場後，WEBサイトやSNSなどのオンラインでの旅行情報収集が一般的になっているが，テレビ・ラジオ・新聞・雑誌のマスメディアや，ガイドブック・パンフレットなどの紙メディアや観光案内所などのオフラインメディアも引き続き活用されている．

1）オフライン

テレビ・ラジオ・新聞・雑誌

不特定多数へ地域の魅力を伝えることが可能なマスメディアは，オンラインが台頭する時代においても影響力は大きい．地域の取り組みやイベントなどをプレスリリースやSNSで発信し，それを情報源としてニュースや記事に取り上げられるケースが多く，積極的に発信する必要がある．観光協会やDMOは日頃からマスメディア各社とネットワークを持ち，話題を提供し現地取材の機会をつくる工夫も重要である．

地域在住のライターなどが、その地域を特集する雑誌の企画の立ち上げから取材・執筆まで関わるケースもあり、地域の情報発信を担う地域づくり団体などは、地域内の情報発信力を持つ人材と、積極的に連携にするのが望ましい。

図12.1　（株）交通新聞社発行『散歩の達人』
2021年12月号「神楽坂　飯田橋」特集
神楽坂在住のライターが、企画立ち上げ段階から協力し、取材・執筆を行った.

ガイドブック・地図

表12.2において，旅マエ，旅ナカでガイドブックを情報取得手段とされていることがわかる．紙媒体のガイドブックや地図は一覧性があり，目的地や目的施設を探すには利便性があるといえる．ガイドブックの発行元はマーケティングにより，購読者の指向に合わせた編集内容としている．地域からは，購読者層に合わせた情報提供が効果的であり，発行元との緊密な情報交換が勧められる．

一覧性に優れているのが紙媒体の特長であ

り，ガイドブックの発行元はとくに地図の見やすさに工夫を凝らし，取り外しを可能にするなど利便性も追求している．地図は国土地理院地図をベースとした基本情報とガイドブック内に紹介した物件をプロットし，デザインを重視して作成される．その際，後述の自治体作成のパンフレットも参考とするケースも多い．

自治体の観光パンフレット，現地配布の地図など

オンライン上での地域情報受発信が一般化している状況においても，パンフレットの需要はあり，各自治体では多言語版を含めておおむね毎年作成している．最近は，観光情報とともに移住定住情報も掲載した多機能型のパンフレットを自治体の担当箇所横断で作成するケースもある．一般財団法人地域活性化センターでは，2013年度から「ふるさとパンフレット大賞」を設け，全国のパンフレットから，発信力のあるパンフレットを表彰しており，地域で作成する際に，受賞作を参考

図12.2 2021年度（一財）地域活性化センター「地域プロモーションアワード2021 ふるさとパンフレット大賞（第9回）」大賞受賞作品
高知県四万十町のパンフレット「シアワセブック」．高品質な写真と高いデザイン性が評価された．

にするとよい（図12.2）．

観光案内所や宿泊先で配布される地図は，旅行者は必ず入手する重要な情報メディアと位置付けられる．その地域の何を見てほしいのか，どのようなルートで回るのがおすすめかなどのメッセージを判りやすく，親切に伝える工夫が必要となる．携帯性を考慮するとともに，地域ブランド向上に資するデザイン性も求められる．

アンテナショップ

自治体などが，自治体内の産品の紹介や販売を行い，消費者の反応を直接聞く場として，都道府県や市区町村が都市部に開設しているアンテナショップは，東京都内で71，全国には150以上ある．（2022年4月現在）．パンフレットなどの情報が揃っており，担当者に直接現地情報を訊ねることもでき，旅行前の情報収集スポットとして活用されている．最近は，移住定住の窓口を設けている自治体も多い（図12.3）．

図12.3 東京新橋にある「おかやま とっとり」アンテナショップ
隣接している県が共同で出店．店内には太平洋・日本海の海の幸が並んでいる．（筆者撮影）

フィルムコミッション

テレビドラマ，アニメ，映画などの物語の舞台や撮影現場となった地域は，その作品の評価とともに地域への関心が高まり，旅行先

として選ばれやすい傾向がある．そこで，ドラマ・映画の作品化の要請，ロケーション地の誘致を行う団体を自治体が組織化して活動している．2022年8月現在フィルムコミッションなどの122団体が，文化庁の全国ロケーションデータベースに登録されている．フィルムコミッションでは，円滑なロケーションのために地域の協力体制を整えるとともに，作品上映PRのタイミングをあわせて，メディアへの情報発信を行っている．

また，近年は地域の上映実行委員会などの組織が資金を集め，地域のストーリーを自主的に作品化し，全国上映を行う地方創生ムービー活動の動きも出てきている．

2）オンライン

「オンライン媒体」は，地方自治体や施設の公式Webサイト，個人ブログ，SNS，動画配信サイトなどのことである．

オンライン媒体の一般的な特性として，検索性が他のものより高いことや，パソコンやスマートフォンなどの情報機器を持っていれば物理的な持ち運びの制約なしに情報を比較検討することが可能な一方で，情報機器の利用者のリテラシーによっては，目的の情報まで辿り着くのが難しくなりやすい，という特徴を持っている．

また，オンライン媒体には，「ストック情報かフロー情報か」「トップダウン情報かボトムアップ情報か」という切り口を考えると，4種類に大別できると考えられる．ここで，ストック情報とは，賞味期限が長く更新頻度が低い情報，フロー情報とは，賞味期限が短く更新頻度が高い情報，トップダウン情報とは，地方自治体や施設から発信される公式情報，ボトムアップ情報とは，観光客，現地体験者から発信される非公式情報のことを指す（表12.3）．

表 12.3　オンライン媒体の 4 分類

	ストック情報	フロー情報
トップダウン情報	・自治体・施設などのアクセス方法，連絡先，開館時間など ・公共施設の過去のイベント・展示一覧・紀要など （検索性：高）	・自治体・施設・博物館などからのイベント情報・季節にまつわる情報・ニュース （検索性：中）
ボトムアップ情報	・体験ブログ ・体験動画 （検索性：高）	・ほぼリアルタイムに体験の共有を目的とするSNS投稿 （検索性：低）

ストック情報は，検索性は高い一方で，検索されなければ辿り着けず，リファレンス的な性質を持つ．また，検索を行って閲覧している時点で，詳細な旅行計画を立てている，旅行後に再度情報を確認している，などの行為のために閲覧している可能性が高いため，それなりの情報量を持ったコンテンツになるように留意すべきであろう．一方，フロー情報については，オフラインの情報媒体でいえば，テレビコマーシャル，発地におけるポスターや雑誌に相当し，何気なく見かけて，観光意欲を喚起させるものであるため，写真などをふんだんに利用しつつ，文字情報は少なく留め，イメージしやすい形式で発信することが望ましい．また，花見・紅葉などの，季節や気候的な制約が強いものや，店舗・施設の開業情報などの，1日単位での行動を決定付けるためのリアルタイムの情報源としても重要のため，そのような形の情報を発信することも効果的である．

トップダウン情報は，いわゆる「公式」側から発信される情報であるため，正確性を期すことが望ましい．施設の変則的運用や，混雑回避の目的などで，更新性を高く保つ必要がある場合は，Webサイトには，「詳細はSNSをご確認ください」と表記しておき，

フロー情報を活用することも重要である（図12.4）．一方，ボトムアップ情報は，2000年代中頃から発信が盛んになってきた情報であり，訪問者が，訪問記をストック情報的に，ブログにまとめたり，編集した動画として動画サイトに投稿したり，また，訪問中にそのまま写真などを撮影してSNSに投稿したり，というようなものである．訪問者の解釈が常につきまとうため，必ずしも情報の正確性が高いとはいえないが，一方で，リアルタイム性が高かったり，主観的な編集が，閲覧者からすれば自分事のように感じられて追体験をしやすかったり，といった利点がある．

また，近年，様々な情報媒体が急速に発展してきており，前述のSNSの他にも，デジタルサイネージや，バーチャルリアリティ向けヘッドマウントディスプレイなどの導入

図12.4　SNSによる情報発信の例
(derivative of "Japanese Shrine" by Marion Paul Baylado, "Bon-odori Dance Festival. "by MIKI Yoshihito and "Trekking Mount Rinjani at Lombok Island, Indonesia 2014 used under CC BY. licensed under CC BY by Junichi Nakano.)

ハードルが低くなってきた．これらは，導入直後は目新しさにより興味を持たれるメリットが期待できる一方で，効果的なコンテンツの価値の担保や更新にもコストが必要である．陳腐化が進みやすい，他の地域との差別化ができない，などのデメリットもあわせもつため，導入コストや目新しさだけで飛びつくのではなく，質の高いコンテンツの継続的更新のための体制や予算が用意できるか，といったことを考える必要があるだろう．

c. 情報種別の特性の分析

12.2節bで分類した情報種別について，カスタマージャーニーのどの段階に適するものであるかと，どの情報媒体での発信に適するものであるか，を考えてみる．

まず，カスタマージャーニーにおいて，どのような情報種別が求められるか，については，表12.4にまとめた．12.2節でまとめたように，カスタマージャーニーの最初期の段階，旅行意欲を想起・喚起させる段階では，まだ，どの地域に訪れたいか決まっていないのであり，基本的には，地域のイメージを想起させるような種別の情報が求められる．一方，旅行の具体的な計画段階から，旅アトの段階までは，ほぼすべての種別が必要となる可能性がある．また，この段階では，具体的に行先を指し示す，住所や緯度経度などの情報や，地図への図示が必要となる点にも注意が必要である．

次に，情報媒体と情報種別の相性については，図12.5にまとめた．「風光明媚な場所」

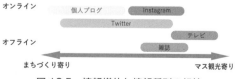

図12.5　情報媒体と情報種別の相性

表12.4　旅のカスタマージャーニー

ステージ		旅マエ			旅ナカ	旅アト
サブステージ		旅行意欲の想起・喚起	旅行の計画	旅行の出発準備・予約・購入		
情報内容		・地域特有の魅力 ・得られる感動、体験、過ごし方 ・その季節特有の情報 ・キャンペーン情報	・観光ポイントの詳細（現地の歴史・文化や自然、得られる体験）・交通（行程・価格）・宿泊、飲食、買い物、現地ツアーなどの内容、質、価格	・予約・購入条件（交通・宿泊、パッケージツアー、着地型ツアー、プログラムなど）・お得、便利な情報（割引チケット、周遊バスなど）・旅行グッズ	・行先案内／現地の交通・観光施設情報 ・旅行中・旅先の安全・安心情報 ・周遊・散策に適したポイント ・観光案内（飲食、買い物、現地申し込みのツアー、プログラムなど）・季節のイベント・キャンペーン	・現地での体験（感動、満足／不満）のコメント、画像、動画など
情報メディア オフライン	テレビ・ラジオ・新聞	○▲				△
	雑誌	●			○	△
	ガイドブック	▲△	○			
	ポスター（自治体・交通事業者）	○	△			△
	旅行会社のパンフレット	△	○	○		
	アンテナショップ・自治体のパンフレット	●●	●●		●●	
	知人・友人のクチコミ	●●●	●●		●●●	
	ドラマ・アニメ・映画	●●	●●●			
	紀行文・小説・マンガ	●●	●		●	
	機内誌・社内誌・カード会員誌	●				
	旅行見本市					
	コールセンター			○	○	△
	現地配布パンフレット・地図・現地のフリーペーパー				○	
	観光案内所・観光案内板表示				○●	
	宿の従業員やガイド				○●	
情報メディア オンライン	旅行会社、オンライン専門予約サイト		○	○		
	交通事業者のオンラインサイト		○	○	○	
	旅行口コミサイト	●	●			
	地図・交通情報ルート検索サイト		○	○	○	
	自治体のサイト、SNS、動画		○	△	○	
	観光協会、DMOなどのサイト、SNS、動画など		○	○	○	
	グルメサイト			○	○	
	宿泊先サイト			○	○	
	企業の公式SNS、ブログなど		●		○	
	著名人のSNS、ブログ、動画など	●●	●		○	●●
	個人のSNS、ブログ、動画など	●●	●●		○●	○
	ゲーム					△▲
	ナビアプリ				○	△
	観光案内表示（デジタルサイネージ）					
	オンラインツアー	●				

○キャッチャー（観光）情報　●中間情報　●ディープ（営み）情報

のような，訪問者の興味の方向性の差にあまり影響されない情報種別のものであれば，マス向けの情報媒体である，テレビ・ラジオ・新聞・雑誌・ガイドブック・ポスター・Webの観光ガイド・地域の公式SNSなどに掲載すべきであろう．一方で，「駅前の空洞化が激しいが，何が原因で起きたのか」のような，一部の訪問者にのみ興味を持たれるような情報種別のものは，地域関係の非公式ブログ，個人ブログなどで発信するのが適切であると考えられる．もちろん前者のような情報種別のものは観光客として訪問者を増やすのに重要であるが，加えて，後者のような情報種別のものは，地域のディープなファンになり，リピーターを生み出す可能性があると考えられるため，観光まちづくりの文脈を汲むならば，後者のようなものもうまく利活用し，他地域との差別化を図り，ただ地域資源を消費するだけの産業的な観光から脱却していきたいところである．

12.4 情報戦略・情報発信をするための体制づくり

a. 体制づくりに求められる多様性と一貫性

観光まちづくりにおける情報発信は，フィールドミュージアムの設計と近いものがあると考えられる．フィールドミュージアムとは，移動の制約がある中で，ストーリーの構築，魅力の演出方法などの様々な要素を考慮しながら，場所とその場所における体験や印象を結びつけて作り出すものであり，観光まちづくりにおける観光モデルそのものであるといえる．そのようなフィールドミュージアムの魅力をうまく情報発信できることが，観光まちづくりに必要な情報発信だといえる．

地域の印象を，様々な側面から伝えるためには，12.1節で述べた，地域住民の生の声，博物館からの専門情報，地方自治体からの公式情報，観光施設などからのキャッチーな観光情報，後述する地域WGからの営み情報など，様々な性格を持つ情報を，それぞれの特性を踏まえたうえで，魅力的に集約，ある程度の一貫性を保ち，キュレーションをして適切な情報発信先に分配することが必要となる．そのためには，各方面がバラバラに，単体で情報を発信するだけでは不十分であり，情報発信の方針を集約・キュレーションを行い決定するための議論ができるような体制づくりが必要と考えられる．

よって，地方自治体，観光案内所職員，博物館・学芸員，地域住民から構成されたワーキンググループ，DMO，広告代理店や観光施設などから構成された，様々な指向性を持った構成員間の連携が必要であろう（図12.6）．

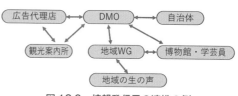

図 12.6　情報発信元の連携の例

b. 各構成員に求められる役割

地方自治体においては，物理的な情報発信施設の整備はもちろんのこと，情報技術が全盛を迎えたこの時代だからこそ，情報収集・アーカイブ・発信などを継続的に行える予算編成を考える必要があると考えられる．また，観光客の行動は，他の地方自治体との区画とは関係なく行われるため，地方自治体間の連携などが必要な観光エリアの範囲について情報デザインの統一や，第5章で述べたよ

うな様々なデータを調査機関などに調査を依頼するなどの手段を用い活用し分析を行っておくべきである．

観光案内所においては，着地型情報発信の拠点として重要なポジションであるとの認識を持つ必要があると考えられる．案内所を訪れた旅行者の依頼に応じて，基本的な観光資源や宿泊施設などの質問については，即答できる体制とすべきである．また，電話，メールなどによる旅行前段階の旅行予定者の質問のうち，即答できない内容については，回答予定日時を伝える形で対応すべきである．また，案内所の担当しているエリアのフロー情報については，積極的にWebページ，SNSなどで発信をしていく必要があると考える．また，観光マップ・観光パンフレットなどの配布拠点としても重要であり，やや事務的な作業であるが，マップ・パンフレットの収集，一覧性の高い配置を心がけるべきである．

DMOについては，様々な構成員と関わり，地域の観光まちづくり戦略を決めることができる，重要かつ機動性の高い組織となるようにするべきである．地方自治体や案内所などからは，様々な制約から行えない領域の情報発信を担う必要があると考えられる．例えば，広告代理店と連携をし，情報のキュレーション力を高める，地域プロモーション動画の作成依頼を行う・編集法を学ぶといった立ち回りが考えられる．また，情報そのものを発信する以外にも，越境ECの運営，サテライトショップの出店などによっても，「地域を知ってもらう」という意味で効果のある情報発信ができるため，そういったアプローチにも適していると考える．

地域のワーキンググループにおいては，様々な立場の人々を集めることが重要である

コラム　ICT技術を利用した情報発信

観光の1つの価値に，その地域で「コトを見る」ことが挙げられる．しかし，観光の鍵になっている「コト」，例えば地域の祭りや，過去の出来事などのことであるが，前者においては当然ながら特定の日，特定の条件でのみ行われることが多く，「コト」が開催されている地域に時期を選ばず観光日程を組んだだけでは，資料館などで資料を確認するのみに留まりやすい．後者に至っては，二度と現実での体験はできないのである．

しかし，今日では，比較的安価に現実世界を丸ごと，または一部改変して鑑賞者に体験させることのできる人工現実（VR）技術，拡張現実（AR）技術などを用いて，観光客にそれらの追体験を行ってもらうことで，「今度は本当のお祭りのときに来よう」などという再訪動機を促したり，過去の出来事をより深く実感させ満足度を上げられたりということが可能である（図12.7）．

一方で，観光まちづくりで用いるVR/ARコンテンツを制作する・用いる際には，あくまで主たる価値は「その地域そのもの」であることに留意するべきである．一般的にVR/ARはその技術の特性や制作サイドの癖から，コンテンツ独自の世界観を作り込むことに力を入れてしまい，現実世界から乖離した，VR/ARの世界で閉じたコンテンツを制作してしまいやすい．しかし，観光まちづくりでこれらの技術を利用する際には，「その地域の何を拡張して見せたいのか」や「コンテンツを見たことで現実のまちに新たな気づきが発生すること」「短時間で本質を捉えられること」などが大事なのであり，不必要に凝った演出やタイトル画面などは不要と考える．なるべく，現実の地域での体験とVR/ARコンテンツの行き来がスムーズになるようなコンテンツアプリの制作と運用ができるようにすべきである．

図12.7　AR技術を使った過去の情景の
追体験の例
[画像内の古写真は国立国会図書館『写真の中の明治・大正 —国立国会図書館所蔵写真帳から—』より]

と考える．観光における地域の楽しみ方は実に多様であるため，典型的な観光好き，歴史好き，地学好き，経済好き，植物好き，ドライブ・ツーリング好きなどといった人材を集めて，様々な方面からの意見を吸い上げられるような体制をつくるべきである．また，最も地域住民や地域への訪問者の生の声を受け取りやすいポジションであるという点にも留意し，整合性・客観性についてはあまり意識せずに吸い上げた意見を伝達する役目を担うべきと考える（図12.6）．

この章では，地域側からの情報発信の手段について論じてきたわけだが，発信を受け，地域へやってきた来訪者との直接的なコミュニケーションも当然ながら大事にすべきである．情報を一方通行に発信するのではなく，来訪者からの意見をもとに，「観光まちづくり」へのフィードバックを行うことこそが，「観光まちづくり」における「情報」の価値の真髄であると考えられる．

文　献

羽田耕司（2020）『はじめてでもわかる！　自治体職員のための観光政策立案必携』，p.145 第一法規

公益財団法人日本交通公社（2019）『観光地経営の視点と実践　第2版』，p.63，丸善出版

JTB（2021）「コロナ禍の生活におけるインターネットやSNSからの情報と旅行に関する意識調査」

国土交通省総合政策局（2006）「観光案内所等における情報提供の手段及び必要な観光情報のあり方についての検討調査報告」，pp.137-179

前田　勇（2015）『新現代観光総論 第3版』，pp.65-74

加藤希尊（2016）「The Customer Journey」，pp.228-233，宣伝会議

おわりに

　本書は，観光まちづくりを学ぶ学生や教員，各地で観光まちづくりに取り組む実践者に読んで活用してもらうことを想定して執筆された．目的は，観光まちづくりのための地域の見方・調べ方・考え方の道筋とポイントを初心者にもわかりやすく示すことにある．

　執筆にあたっては総勢16名の各分野の専門家に依頼をした．全員が観光まちづくりに直接関わっているわけではないが，実際の観光まちづくりには様々な主体や個人が関わるように，多様な領域，多様な価値観のもとで執筆された．

　本書における「観光まちづくり」の定義は，すでに提示されているところであるが，やはり誰もが気になる言葉ではないかと思われる．「観光を通じたまちづくり」や「観光とまちづくり」であれば，日本語としても通じるが，ワンワードとしての「観光まちづくり」という言葉や概念はどこまで国民に理解されているのであろうか．

　かつての恩師にいわれたことは，二つの言葉からなる言葉は，うしろの言葉が大事だと．師は「情報環境」と「環境情報」を例にとって，「情報環境」は情報についての環境，つまりうしろの言葉「環境」が重要．他方「環境情報」は環境に関する情報，やはりうしろの言葉「情報」が重要だと教えてくれた．翻って「観光まちづくり」も二つの言葉から成り立っており，師の教えによれば，後ろの言葉「まちづくり」が重要だということになる．「まちづくり観光」，あるいは「まちづくり型観光」といえば，「山岳観光」や「農村観光」，「町並み観光」など観光行動の一つのタイプとなりわかりやすいが，「観光まちづくり」となると途端に難しくなる．「まちづくり」は，言葉としては易しいがハードからソフトまで，その内容は幅広く，様々な分野からのアプローチが必要で，学びも多様なものとなるからである．そして「まちづくり」が主にそこで定住している人々が自らのまちを良くしていこうという概念であるのに対し，その前に「観光」が付くことによって，住んでいる人々だけでなく，インバウンドも含めて観光や交流で訪れる外部の人々を巻き込みながら進めていく複雑な手法やプロセスを包含することとなる．

　本書の出版とほぼ時を同じくして國學院大學に観光まちづくり学部が誕生した．我々は，10年後，20年後，50年後を見据えて，「観光まちづくり」を学問として体

系化していかなければならない．できれば二つの言葉として理解されるのではなく，ワンワード，一つの言葉，一つの概念にしたいと考えている．現在，社会学や民俗学，都市計画，景観，ランドスケープ，交通，経済，経営，統計，デザイン，VR，もちろん観光も含めて多様な人材が集まって「観光まちづくり」について日々議論している．それでも地球環境や気候変動の問題，法律や制度，地域金融などさらに専門的な問題には，我々だけでは限界もあるのではないかとも感じている．より多角的な分野，より実践的な方々との連携・協働は不可欠となる．ともに「観光まちづくり」という難題に，楽しく，かつ果敢に挑戦していきたいと考えている．

　本書の出版にあたっては，令和4年度國學院大學出版助成（丙）の助成により刊行したことを付記しておく．

　　令和5年2月

國學院大學　観光まちづくり学部

梅川智也

索　引

「観光まちづくり」のための
地域の見方・調べ方・考え方　　　　定価はカバーに表示

2023 年 3 月 1 日　初版第 1 刷
2024 年 8 月 1 日　　　第 5 刷

編　集　國學院大學地域マネ
　　　　ジメント研究センター
発行者　朝　倉　誠　造
発行所　株式会社　朝　倉　書　店
　　　　東京都新宿区新小川町 6-29
　　　　郵 便 番 号　162-8707
　　　　電　話　03(3260)0141
　　　　Ｆ Ａ Ｘ　03(3260)0180
　　　　https://www.asakura.co.jp

〈検印省略〉

ⓒ 2023 〈無断複写・転載を禁ず〉　　　　　Printed in Korea

ISBN 978-4-254-26552-1　C 3052

JCOPY ＜出版者著作権管理機構 委託出版物＞
本書の無断複写は著作権法上での例外を除き禁じられています．複写される場合は，
そのつど事前に，出版者著作権管理機構（電話 03-5244-5088，FAX 03-5244-5089,
e-mail: info@jcopy.or.jp）の許諾を得てください．

まちを読み解く —景観・歴史・地域づくり—

西村 幸夫・野澤 康 (編)

B5 判／ 160 ページ　ISBN：978-4-254-26646-7 C3052　定価 3,520 円（本体 3,200 円＋税）

国内 29 カ所の特色ある地域を選び，その歴史，地形，生活などから，いかにしてそのまちを読み解くかを具体的に解説。地域づくりの調査実践における必携の書。〔内容〕大野村／釜石／大宮氷川参道／神楽坂／京浜臨海部／鞆の浦／佐賀市／他

まちの見方・調べ方 —地域づくりのための調査法入門—

西村 幸夫・野澤 康 (編)

B5 判／ 164 ページ　ISBN：978-4-254-26637-5 C3052　定価 3,520 円（本体 3,200 円＋税）

地域づくりに向けた「現場主義」の調査方法を解説。〔内容〕1. 事実を知る（歴史，地形，生活，計画など），2. 現場で考える（ワークショップ，聞き取り，地域資源，課題の抽出など），3. 現象を解釈する（各種統計手法，住環境・景観分析，GIS など）。

まちづくり学 —アイディアから実現までのプロセス—

西村 幸夫 (編著)

B5 判／ 128 ページ　ISBN：978-4-254-26632-0 C3052　定価 3,190 円（本体 2,900 円＋税）

単なる概念・事例の紹介ではなく，住民の視点に立ったモデルやプロセスを提示。〔内容〕まちづくりとは何か／枠組みと技法／まちづくり諸活動／まちづくり支援／公平性と透明性／行政・住民・専門家／マネジメント技法／サポートシステム。

よくわかる観光学 1 観光経営学

岡本 伸之 (編著)

A5 判／ 208 ページ　ISBN：978-4-254-16647-7 C3326　定価 3,080 円（本体 2,800 円＋税）

観光関連サービスの経営を解説する教科書。観光産業の経営人材養成に役立つ。〔内容〕観光政策／まちづくり／観光行動と市場／IT と観光／交通，旅行，宿泊，外食産業／投資，集客／人的資源管理／接遇と顧客満足／ポストモダンと観光

観光危機管理ハンドブック —観光客と観光ビジネスを災害から守る—

髙松 正人 (著)

B5 判／ 180 ページ　ISBN：978-4-254-50029-5 C3030　定価 3,740 円（本体 3,400 円＋税）

災害・事故等による観光危機に対する事前の備えと対応・復興等を豊富な実例とともに詳説する。〔内容〕観光危機管理とは／減災／備え／対応／復興／沖縄での観光危機管理／気仙沼市観光復興戦略づくり／世界レベルでの観光危機管理

観光の事典

白坂 蕃・稲垣 勉・小沢 健市・古賀 学・山下 晋司 (編)

A5 判／ 464 ページ　ISBN：978-4-254-16357-5 C3525　定価 11,000 円（本体 10,000 円＋税）

人間社会を考えるうえで重要な視点になってきた観光に関する知見を総合した，研究・実務双方に役立つ観光学の総合事典。観光の基本用語から経済・制度・実践・文化までを網羅する全 197 項目を，9 つの章に分けて収録する。〔内容〕観光の基本概念／観光政策と制度／観光と経済／観光産業と施設／観光計画／観光と地域／観光とスポーツ／観光と文化／さまざまな観光実践 〔読者対象〕観光学の研究者，観光学専攻の学生・大学院生，観光行政・観光産業に携わる人，関連資格をめざす人